펜실베니아 대학 관계 기술, 40년 연구의 결정판!

마음을 움직이는 10가지 대화 기술

펜실베니아 대학 관계 기술, 40년 연구의 결정판!

마음을 움직이는 10가지 대화 기술

1판 1쇄 인쇄 2016년 10월 5일
1판 1쇄 발행 2016년 10월 7일
지은이 정정숙 · 김충정
펴낸이 우문식
펴낸곳 도서출판 물푸레
등록번호 제 1072 등록일자 1994년 11월 11일
주소 경기도 안양시 동안구 호계동 968-20 웰빙타워 5층
전화 (031) 453-3211 전송 (031) 458-0097
www.mulpure.com
ISBN 978-89-8110-327-9 03320
책에 관한 문의는 mpr@mulpure.com으로 해주시기 바랍니다.
값 13,500원

마음을 움직이는 10가지 대화 기술

정정숙 · 김충정 지음

미연방정부가 인증하고 적극 권장하는 '관계향상 프로그램'

물푸레

contents

I

대화 기초

1
들어가는 말

우리는 이런 착각 속에서 산다. '나는 그런대로 대화를 잘하는 사람이다.'라고.

나도 대화의 기술을 배우기 전에는 그렇게 생각했다. 우리 아이들이 날더러 '엄마는 커뮤니케이션 하는 법을 잘 몰라요.', '엄마는 날 이해 못해요.'라는 말을 거듭할 때면 그들이 나의 대화실력을 과소평가한다고 생각하며 못마땅한 표정을 짓곤 했다. 왜냐하면 나는 상담가고, 가정생활 강사다. 다른 사람들과 대화할 때, 그들은 나에게 '내 말을 잘 들어주어 고맙다. 나를 이해해 주어서 고맙다.'라는 말을 자주 했기 때문이다. 고백건대 상담시간에는 내담자의 말을 잘 들

　　　　　　　　　　　　　마음을 움직이는 10가지 대화 기술

고 공감해주고자 노력하는데 우리 가족들과는 이해와 공감의 기술을 제대로 사용하지 않았다. 가족이니까 공감의 대화가 더 잘 이루어져야 하는데, 가족이니까 건성으로 대충 듣고, 가족이니까 판단하고, 설교하고, 충고하고 그랬다. 그러니 아이들이 엄마와 '대화가 잘 된다거나 이해받는다'는 느낌을 갖기 힘들었을 것이다. 대화의 기술을 배워가며 나의 대화패턴에 큰 문제가 있다는 사실을 발견하게 되었고, 우리 아이들이 나의 대화실력에 도전장을 내민 것이 결코 과소평가가 아니라 그들의 평가가 적절했음을 인정하게 되었다.

그 후로 나는 대화 기술에 관한 한 겸손한 자세를 취할 수 있게 되었고, 대화 기술을 연마해야 할 필요성을 강하게 느끼게 되었다. 이 같은 나의 경험 때문에 대화 기술 세미나에 참석한 분들에게 가끔씩 짓궂은 질문을 던진다.

"여러분 중에 혹시 '나는 대화를 잘하는 편이다'라고 생각하시는 분은 손들어보세요."

여기저기서 몇 사람이 손을 번쩍 든다.

"그럼 여기엔 왜 오셨나요?"

"저는 대화에 아무 문제가 없는데, 집사람이 우리 부부는 대화가 안 된다며 같이 오자고 해서 하는 수 없이 끌려왔어요."

"아, 그렇군요."

내가 맞장구를 쳐주니 어깨를 으쓱하며 좋아한다. 하지만 첫 번째, 두 번째 시간이 지나면서 그들은 "내가 이렇게 대화를 못하는 사람인지 처음으로 알게 되었다."고 겸연쩍게 고백한다. 내가 그랬던 것처럼 그들도 자신의 대화 기술에 대한 무지를 발견하고 인정하는 시점에 이른 것이다.

'대화'는 관계를 창조하신 하나님이 좋은 관계를 맺으며 행복한 삶을 살라고, 사랑을 나누며 살아가라고 인간에게 주신 특별한 선물이다. 대화를 잘하는 사람은 일반적으로 원만한 인간관계를 맺을 가능성이 높다. 반대로 대화를 제대로 하지 못하는 사람은 관계의 어려움을 겪을 가능성이 그만큼 높다. 행복한 인간관계를 위해 주어진 '대화'를 본래 목적대로 사용하지 못할 때 어떤 일이 벌어지는가? 잘못된 대화는 사랑 대신에 미움을, 이해 대신에 오해와 불신을, 감사와 용서 그리고 치유 대신에 상처와 원망을 가져온다. 관계의 행복을 위해 주어진 대화라는 선물이 관계를 파괴하는 괴물로 바뀌는 것이다.

이 책(『마음을 움직이는 10가지 대화 기술』)에서 소개하는 〈10가지 대화 기술〉은 펜실베니아 주립대학의 버나드 거니 주니어 교수와 그의 동료들에 의해서 이론으로 체계화되었다. 40년 동안 이 대화 기술의 효과를 증명하는 연구가 거의 30개에 이른다. 이 〈10가지 대화 기술〉은 일반 부부들의 관계를 향상시킬 뿐 아니라 심각한 문제를 가진 부부나 가족들, 상하 관계로 인해 심한 스트레스를 받고 있는 직장인들에게도 여전히 효과가 큰 것으로 나타났다. 이 연구는 기술을 배운 직후에도 효과가 증명되었지만 시간이 지난 후에도 여전히 효과가 있어서 부부들의 대화가 배우기 전에 비해 훨씬 향상되었고, 결과적으로 관계의 만족도가 증가되었다는 사실을 입증했다.

이처럼 연구에 의해서 효과가 검증된 이 대화 기술은 미연방정부 산하 보건복지부가 권장하는 '관계 향상' 모델 프로그램이 되었다. 이 때문에 주정부나 커뮤니티 단체들이 '건강한 결혼 강화 프로그램'으로 채택해서 건강한 가정 세우기에 열을 올리고 있다. 이 대화 기술은 미국 주류 사회는 물론이고 문화가 다른 인종이나 소수민족들이 사용해도 전혀 무리가 없는 프로그램으로 입증되었다. 또한 내용을 전달하는 차원을 뛰어넘어서 대화 기술 이론에 대해 배울 뿐 아니라, 끊임없는 노력과 연습을 통해 기술로 습득되도록 돕는 것이 목적이다.

나는 관계 향상을 가져다주는 〈10가지 대화 기술〉을 지난 8년 동안 가르치면서 참가자들의 관계에 놀라운 변화가 일어나는 것을 직접 목격해왔다. 이런 경험을 통해 내가 배운 기술을 한국에 있는 가족과 친구들 그리고 온 국민들에게 소개하고 싶다는 열망이 생겼다. 내가 사랑하는 조국의 국민 모두가 반드시 배워야 할 인간관계 기술이라는 확신 가운데 저자의 허락을 받아 이 책을 집필하게 되었다.

단언컨대, 이 책에서 소개하는 〈10가지 대화 기술〉은 모든 부부가 배워야 하고, 모든 부모가 배워야 하며, 모든 교사와 학생이 배워야 하고, 직장생활을 하는 상사와 직원들이 배워야 할 기술이라고 믿는다. 만약 지도자들부터 시작해서 온 국민들이 이 대화 기술을 배우게 된다면 대한민국이 바뀌고 사회 전체가 바뀔 것이라 확신한다. 이 대화 기술을 잘 배우고 나면 막혔던 소통의 물꼬가 트여 벽을 보고 이야기는 하는 것 같은 답답함이 풀리고 마음과 마음이 만나는 교감을 경험하게 될 것이다. 이로 인해 가정이 전보다 행복한 모습으로 변화될 것이며, 부부 사이는 더욱 가까워지고, 부모와 자녀 사이에 긴장과 갈등이 몰라보게 줄어들 것이며, 직장에서 상사와 부하 관계가 더욱 신뢰하고 존중받을 수 있는 것이다. 그동안 해결책을 찾지 못하던 가정 문제와 사회 문제들이 꼬였던 실타래 풀리듯 풀어지는 경험을 하게 될 것이다.

2

대화, 첫 번째 배워야 할
인간관계 기술

대화를 처음 배우는 곳은 가정이다. 막 태어난 아이는 엄마, 아빠 그리고 가족들이 말하는 것을 보고 듣는다. 사람들이 하는 말을 듣고 또 듣고, 말하는 모습을 보고 또 본다. 어른들을 선생님 삼아 들은 것을 흉내 내어 옹아리를 시작하고 어른들의 입 모양을 따라하고, 얼굴 표정과 목소리를 흉내 내며 말을 배운다. 한 단어가 두 단어로 늘고, 단어를 모아 구절을 읊조리다가 어느새 짧은 문장을 구사한다. 아이의 말솜씨를 지켜보는 것은 모든 부모들에게 한없는 기쁨이다. 예쁜 말, 바른말이 아니어도, 그저 아이가 하는 말이 신기해서 박장대소를 한다. 열광하는 가족들의 박수를 받으며 배우기 시작한 대화가 제대로 된 대화인지, 잘못된 대화인지 분별하지 못한 채 자신의 고유한 대화의 패턴을 만들어간다. 그리고 그 패턴대로 평생 동안 사람들과 대화를 하면서 살아간다. 그런데 안타까운 사실은 우리 부모 세대가 거의 대부분 부정적인 대화 패턴을 자녀에게 물려준다는 것이다. 그러니까 우리의 대화 패턴은 우리가 동의하든 부정하든 부모의 대화 패턴과 닮아 있다.

부정적인 대화 패턴이 인간관계에 어떤 영향을 미치는지를 백기복 교수는 그의 책 『말하지 말고 대화하라』에서 이렇게 묘사하고 있다.

"사람과 사람 사이의 문제들 중 99퍼센트는 소통 때문에 발생한다. 말을 안 해서 탈이고, 말을 너무 많이 해서 문제가 된다. 말뜻을 못 알아들어서 문제가 되고, 말의 의미를 달리 해석해서 오해가 생긴다. 듣고 싶은 말을 듣지 못해서 답답해하고, 들어서는 안 될 말을 듣게 되어서 괴로워하는 것도 모두 소통 때문에 일어난다.

한 나라의 대통령조차도 제대로 소통이 안 되면 국민들과 멀어진다. 부모와 자식간의 문제들 중 대부분은 소통이 잘못되었기 때문에 발생한다. 사장과 직원 간에, 팀장과 팀원 간에 그리고 사랑하는 사람들 간에도 적절히 소통이 안 되면 갈등과 원망과 저주가 어느 순간 은밀히 이들의 사이를 갈라놓는다."

'사람들 사이에 일어나는 99퍼센트의 문제들이 소통 때문에 발생한다.'는 백 교수의 말이나 잘못된 소통이 인간관계를 파괴한다는 말도 얼핏 들으면 지나친 과장 같지만 고개를 끄덕일 수밖에 없다. 대화가 관계의 질을 좌우하며 건강한 가정의 중요한 척도라는 사실

마음을 움직이는 10가지 대화 기술

은 가족치료사나 상담가, 심리학자들이 모두 입을 모아 강조하는 점이다. 그중에 '가족치료의 어머니'라 불리는 버지니아 사티어는 가족치료사이자 교사요, 저술가이자 강연자로서 수많은 가족들과 인간관계에 혁신적인 변화를 가져다준 사람이다. 그녀는 자신의 저서 『아름다운 가족』에서 가족이 정서적으로 얼마만큼 건강한지를 알아보는 대화 패턴 다섯 가지를 소개했다. 그중 4가지는 파괴적인 패턴이고 한 가지만 건강한 대화 패턴이다.

다섯 가지 의사소통 유형

1. 자신의 감정이나 생각은 무시하고 다른 사람의 기분을 맞추려고 애쓰는 '회유형'
2. 타인을 무시하거나 비난하고 통제하며, 겉으로는 공격적인 행동과 언어를 사용하지만 속으로는 외로운 실패자라는 느낌을 갖고 있는 '비난형'
3. 자신과 타인을 모두 무시하며 완고하고 냉담한 자세로 가능한 한 결함 없이 말하려는 '초이성형'
4. 정서적으로 혼란스러운 상태라서 산만한 행동을 하는 '산만형'
5. 말의 내용과 감정이 일치하는 '일치형'

위의 다섯 가지 대화 패턴 중에서 건강한 대화 패턴은 '일치형'밖에 없다. 버지니아 사티어는 가족 치료를 위한 상담시간을 통해 가족들의 대화 패턴을 관찰하면서, 4개의 병든 대화 패턴을 버리고, 내용과 감정이 제대로 전달되고 서로를 이해하는 '일치형'의 대화를 하도록 가르쳐서 관계가 회복되는 데 결정적인 역할을 했다.

필자도 부부상담을 하면서 확인하고 또 확인했던 사실은 파괴적인 대화 패턴이 부부관계에 심각한 갈등을 초래한다는 점이었다. 오랜 부부상담과 가족상담의 경험이 있기에, 부부나 가족이 대화하는 모습을 지켜보면 곧바로 그 부부가 가진 문제의 심각성의 정도를 가늠하게 된다. 그래서 몇 회기의 진단 상담이 끝나면 그들에게 파괴적인 대화의 패턴을 버리고 관계를 회복하는 대화의 기술을 가르쳐주면서, 직접 실습해보도록 기회를 주고, 배운 것을 반복해서 연습하도록 과제를 내준다. 이렇듯 관계를 파괴하는 대화 기술을 교정해주며 상담횟수를 거듭해가는 동안 부부간 대화의 내용과 자세, 방법이 달라지는 것을 관찰할 수 있었으며, 결과적으로 가족관계에 긍정적인 변화가 생기는 것을 경험했다.

『사랑의 기술』을 저술한 에리히 프롬은 인간이 "사랑을 뿌리 깊이 갈망하면서도 사랑 이외의 거의 모든 일, 즉 성공이나 체면, 돈과 권력 등을 사랑보다 더 중요한 것으로 생각하여 모든 정력을 그 일을 위해 사용하면서 사랑의 기술을 배우지 않는다."고 한탄했다. 이와 마찬가지로 부부간에 대화가 되지 않는다고 답답해하고, 자녀와 말이 통하지 않는다고 불평을 하면서도 대화의 기술은 도무지 배우려 하지 않는다. 아니 배울 생각조차 하지 않는다. 그러고는 '자신은 대화를 잘하는데 상대방이 대화를 못하기 때문이다.'라며 상대방을 비난한다.

그뿐이 아니다. 우리가 속해 있는 공동체에서도 이와 같은 현상이 일어난다. '우리 목사님과는 대화가 통하지 않는다.'고 야단이고 '그 상사는 대화의 대자도 모르는 분'이라며 비난을 하며, '그 친구와 대화하려면 속이 터진다.'고 푸념을 늘어놓는다. 그러면서도 대화의 기술을 배워야겠다는 생각은 하지 않는다. 대화가 배워야 할 기술이라는 사실을 모르기 때문이다.

두 사람 이상이 모인 공동체에서 좋은 관계를 맺는 데 필요한 기술이 있다면 그것은 바로 '대화의 기술'이다. 그런데 이 대화의 기술은 저절로 습득되는 것이 아니다. '대화의 기술'을 배우기 원한다면, 음악이나 그림, 건축이나 의학, 공학의 기술을 배울 때처럼 동일한 과정을 거쳐야 한다. 에리히 프롬은 그의 저서에서 기술 습득의 과정을 셋으로 나누었다. 첫째는 이론의 습득이요, 둘째는 실천을 통한 습득이며, 셋째는 기술의 숙달이다. 이 과정을 통해 어릴 적부터 몸에 배인 병든 대화 패턴이 건강한 대화 패턴으로 바뀌는 것이다.

그렇다면 '나는 과연 건강한 대화를 하고 있는지 관계를 파괴하는 병적인 대화를 하고 있는지' 스스로에게 물어볼 필요가 있다. 자신의 대화 패턴이 어떠한지에 대해서 알고 싶다면 다음의 두 가지 질문에 답을 해보면 된다.

첫째, 가족들이 나와 대화하기를 좋아하는가, 싫어하는가?

둘째, 다른 사람들이 나와 대화하고 싶어 하는가, 그렇지 않은가?

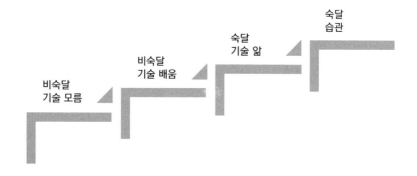

비숙달
기술 모름

비숙달
기술 배움

숙달
기술 앎

숙달
습관

    만약 위의 두 질문에 '좋아한다.' 대신에 '싫어한다.'라는 대답을 했다면 '건강한 대화 패턴을 어떻게 내 것으로 만들 수 있을까?'를 고민해야 한다. 이 질문에 대한 답이 바로 이 책에 있다. 그러므로 내가 거니 박사의 〈10가지 대화 기술〉에 매료되어 지난 8년 동안 이 대화 기술을 배우고 훈련받고 가르치게 된 이유가 몇 가지 있다. 첫째, 이 기술을 펜실베니아 주립대 교수였던 거니 박사가 연구원들과 함께 40년간의 연구와 실험을 거듭하면서 오늘의 10가지 대화의 기술로 발전 보강되어 왔다. 처음에는 내담자를 효과적으로 도울 수 있도록 상담자들에게 듣고 이해하는 기술을 가르치는 것으로 시작했으나 시간이 지나면서 상담자뿐 아니라 평생 대화를 주고받으며 사는 모든 사람들에게 필요한 기술임을 깨닫고, 대화 기술의 훈련 범위를 개인뿐 아니라, 부부와 가족으로 확대시켰다. 마침내 2004년에는 미보건복지부에서 이 대화 기술의 연구 결과와 효과를 인정하기에 이르렀다. 이 책에서 제시하는 〈10가지 대화 기술〉을 통해 부부와 가족관계 향상을 도모할 목적으로 이해하기 쉬운 워크북을 만들어 훈련하

마음을 움직이는 10가지 대화 기술

도록 연방정부가 후원금을 지원하여 이 대화 기술이 미국 사회와 가정에 보급되기 시작했다.

두 번째, 내가 이 대화 기술을 좋아하게 된 이유는 대화의 이론과 실제가 균형 있게 녹아 들어간 탁월한 대화 기술 교재라는 점이다. 어떤 대화 서적은 이론에 치우쳐 있어서 실제 배우거나 실천하는 가이드 역할을 하지 못하는가 하면 어떤 저서는 이론이 결여된 지엽적인 대화 기술을 소개하고 있어서 그다지 신뢰가 가지 않는다. 그런데 이 대화 기술은 심리학과 교육학적인 이론을 기초로 하여 고안된 대화 기술이자 배우기 쉽도록 실습에 중점을 두고 있어서 이보다 더 좋은 대화 기술 책이 없다는 것이다. 물론 마셜 로젠버그 박사의 〈비폭력 대화〉가 전 세계적으로 대화 기술을 훈련하는 데 기념비적인 역할을 했지만, 이 〈10가지 대화 기술〉은 〈비폭력 대화〉에서 다루지 않은 부분들까지 다루고 있어서 대화에 관한 한 '종합서적'이라고 해도 손색이 없는 내용을 담고 있다.

세 번째, 〈10가지 대화 기술〉은 과학적이고 체계적으로 구성되어 있기 때문에 여기서 안내하는 대로 배우고 실천하다 보면 어느새 자신의 대화 패턴에 새로운 변화가 생겼다는 것을 감지하게 된다. 그동안 무엇이 잘못되었는지 알지 못한 채 도리어 상대방이 대화할 줄 몰라서 대화가 안 된다고 비난의 화살을 쏘던 자리에서 벗어나도록 자신의 문제점을 꼼꼼하게 짚어 교정해주는 길잡이 역할을 한다는 점에서 다른 대화 방법들이 따라올 수 없는 탁월함을 지니고 있다. 여기서 과학적이란 말은 대화 원칙을 실천했을 때, 어떤 결과가 주어지는지 경험한 사람들의 사례와 평가를 기초로 연구 발전, 보강된 대화 기술 훈련이라는 뜻이며, 체계적이란 말은 모든 대화의 가장 기초가 되면서 가장 중요한 이해의 기술로부터 시작하여 한 가지 기술을 배우고 나면 그 기술을 토대로 해서 그 다음 기술을 배우도록 단계적으로 구성되어 있다는 것이다. 당신이 이 책의 안내를 받으며, 올바른 대화의 기술을 배우고, 이를 연습하며 반복 훈련을 지속적으로 하다 보면 어느새, 건강한 대화 패턴을 익힐 수 있게 되고 더불어 건강한 가족관계를 만들어가며, 더 나아가 당신이 속해 있는 공동체를 건강하게 하는 대화의 달인이 될 수 있을 것이다.

자, 기대감을 가지고 〈10가지 대화 기술〉을 나의 것으로 만들기 위해 책을 읽는 동안 중요한 부분에 밑줄을 그어가며 읽고 또 읽고, 반복적으로 외우고, 책 내용에 집중하도록 하자!

마음을 움직이는 10가지 대화 기술

3
대화,
왜 그리 어려운가?

'대화'의 바른 뜻

'대화'에 해당되는 영어 단어, 'communication'이란 말의 어원은 'communicare'라는 라틴어에서 왔다. 이 말은 '공유한다 또는 함께 나눈다.'는 뜻으로 '전하고 싶은 정보나 메시지, 즉 생각과 감정, 염려나 바람 등을 상대방과 함께 나누는 것'을 말한다. 다시 말하면 자신의 생각이 무엇인지, 관심사가 무엇인지, 염려나 걱정거리가 무엇인지 그리고 자신의 기분이 어떠한지를 상대방에게 자상하게 알려준다. 이것이 대화의 첫 번째 부분이다.

대화의 두 번째 부분은 나의 이야기를 들은 상대방이 내가 구체적으로 무엇을 생각하고 있는지, 염려나 걱정거리는 무엇이며, 어떤 기분을 갖고 있는지를 잘 듣고 이해하고 공감해주는 것이다. 이와 같이 첫 번째 부분을 맡은 '말하는 자'와 두 번째 부분을 맡은 '듣는 자' 사이의 상호 작용을 '대화'라 한다. 이런 상호작용을 통해 서로가 갖고 있는 다양한 감정들, 즉 기쁨과 즐거움, 행복과 만족, 불안과 분노, 슬픔과 아픔 등을 나누면서, 서로의 짐을 가볍게 해주고, 기쁨과 감사가 몇 배로 커지는 경험을 한다. 그렇기 때문에 대화는 말하는 자의 '일방통행'이 아니고 말하는 자와 듣는 자 사이에 오가는 '쌍방통행'이다. 일방통행은 '대화'가 아니고 '독백'이다.

커뮤니케이션에 대한 이해

1. 대화에서는 언어적인 요소보다 비언어적인 요소가 더 중요하다

'대화'에서 사용되는 매체에는 '언어'와 '비언어적' 요소가 있다. 캘리포니아 대학(UCLA)의 교수이자 명예 심리학자인 앨버트 메라비언(Albert Mehrabian)은 대화에서 비언어적인 요소, 즉 시각과 청각적인 이미지가 문자적 요소보다 훨씬 더 많은 비중을 차지한다는 '메라비언 법칙'을 주창했다. 이 법칙에 의하면 문자나 언어적 요소는 극단적인 경우, 전달하고자 하는 메시지의 7퍼센트 정도밖에 되지 않으며, 목소리(속도, 음량, 목소리의 높낮이, 음색, 억양, 등)와 감정은 38퍼센트, 얼굴

　　　　　　　　　　　마음을 움직이는 10가지 대화 기술

표정이나 몸짓과 같은 비언어적인 요소가 55퍼센트를 차지한다는 것이다. 그러니까 대화에서 말투나 얼굴 표정, 눈빛과 제스처 그리고 몸동작(body language) 등을 살펴보지 않고, 그 사람의 말하는 내용에만 신경을 쓴다면 그 사람이 전달하고자 하는 메시지의 절반 이상을 놓치는 것이다. 실로 "행동의 소리가 말의 소리보다 크다."는 명언에 고개가 끄덕여진다.

이처럼 퍼센트를 따져가며 도형화한 대화 법칙이 너무 지나친 주장이라고 말하는 사람들이 있지만 대화의 진행과정 중에 어떤 일이 벌어지는지를 관찰해보면 그의 주장이 결코 터무니없는 과장이 아님을 금방 알게 된다. 그런 이유 때문에 사람이 상대방으로부터 전달받는 메시지는 말의 내용보다 말 이외의 비언어적 의사소통이 더 중요하다는 그의 주장이 커뮤니케이션 분야에서 가장 많이 인용되고 있다.

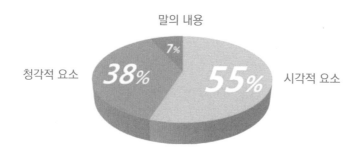

말의 내용
7%
청각적 요소 38%   55% 시각적 요소

2. 대화 중에 일어나는 '필터링'을 이해하자

커뮤니케이션의 대가 노만 라이트(Norman Wright) 박사는 커뮤니케이션의 또 다른 문제 점 중 하나를 '필터링(filtering)'이라고 지적했는데, 이는 다른 사람의 말을 있는 그대로 듣지 않고 자신의 생각과 필요, 상황과 느낌에 따라 상대방의 메시지를 선택적으로 듣거나, 자기 방식으로 이해하고 해석한다는 것이다. 다시 말해서 말한 사람의 메시지가 듣는 사람의 필터를 통과하면서 때론 삭제되기도 하고, 왜곡되기도 하며, 한 개인의 생각이 모든 사람에게 적용되는 것처럼 일반화되는 현상이 생긴다.

'필터링'이 대화에 많은 문제점을 가져온다는 사실에 대해 『성공하는 가족들의 일곱 가지 습관』의 저자인 스티븐 코비 박사도 의견을 같이했다. 그는 커뮤니케이션이 어려운 가장 큰 이유를 사람들이 같은 사건을 다르게 해석하기 때문이라고 했다. "서로 다르게 해석하는 이유는 사람마다 본성과 배경과 경험이 다르기 때문이다. 사람들이 같은 사물을 다르게 보는 것이 당연하다는 것을 인식하지 못한 채 상호작용을 하면 문제가 생긴다." '본성과 배경과 경험' 등이 필터링으로 작용해서 사실과 사건을 있는 그대로 받아들이거나 해석하지 못하도록 한다는 것이다.

커뮤니케이션을 연구하는 학자들은 우리가 들은 메시지를 여과하는 필터를 크게 네 가지 정도로 꼽고 있다. 이 네 가지 필터란 감정과 문화 그리고 듣는 사람이 처한 환경이나 개인적인 신념과 태도 등이다.

마음을 움직이는 10가지 대화 기술

① 첫 번째 필터 : 감정

대화에 있어서 감정이 얼마나 중요한지 생각해본 적이 있는가? 상담을 하면서 대화의 기술을 가르치는 사람으로서 그리고 매일 사람들과 관계하면서 깨달은 사실은 '감정이 뒤틀리면 사람들은 입을 닫는다. 마음의 문도 함께 닫는다. 감정이 통하면 사람들은 입을 열고 마음의 문도 함께 연다. 감정이 풀리면 문제해결의 문도 열린다.'는 것이다. 이처럼 대화하는 사람의 감정이 어떠한지가 대화 전체에 엄청난 영향을 미친다. 사건이나 문제 해석뿐 아니라 상호이해에 엄청난 차이를 가져온다. 그러므로 효과적인 의사소통을 원한다면 대화할 대상의 감정 상태를 살피고, 그 감정을 이해하려는 노력과 공감이 필수다.

② 두 번째 필터 : 문화

대화에 있어서 '문화'란 한 개인의 역사를 두고 하는 말이다. 그 사람의 성장 배경, 그러니까 어린 시절에 경험한 사건들, 어떤 부모 밑에서 자랐는지, 부모의 부부생활은 어떠했는지, 형제자매들과는 어떤 관계를 맺고 살았는지에 관한 것들을 말한다. 또한 가족이 소중하게 여기는 가훈이나 가풍, 전통이나 관습 등도 모두 여기에 해당된다. 뿐만 아니라 성장기에 자신이 속한 지역사회나 출생한 나라와 언어도 포함된다. 그 나라와 사회가 지키는 관습이나 전통, 그 시대에 유행했던 풍조나 사조 등을 이해하고, 언어에 대한 이해도를 높이면 필터링의 왜곡을 줄일 수 있다. 요즘처럼 출생국이 다른 사람들이 만나 이룬 다문화 가정에서는 배우자나 그 밖의 다른 가족이 속해 있던 나라의 문화와 언어 이해는 가족간에 조화로운 삶을 살기 위해 꼭 필요한 일이다. 이런 경우 말하는 사람은 듣는 사람을 위해 잘 선정된 단어와 상대방이 이해하기 쉬운 단어들을 사용함은 물론 잘 다듬어진 메시지를 전하도록 각별한 주의를 기울여야 할 것이다.

③ 세 번째 필터 : 개인의 신념이나 태도

'신념'이란 '굳게 믿는 어떠한 것'을 말하는데, 이는 한 개인이 갖고 있는 '사고방식이나 가치관'이라 할 수 있다. 사고방식과 가치관 혹은 태도는 태어나서 성장기를 거치는 동안 개인이 속한 가족과 사회가 지닌 문화의 영향을 받으면서 형성된다. 그러므로 한 사람의 신념과 태도를 보다 잘 이해하려면 문화에 대한 이해가 선행되어야 한다. 그렇게 될 때, 대화하는 사람이 왜 그런 생각을 하는지, 왜 그런 가치관과 태도를 갖게 되었는지를 보다 더 잘 이해할 수 있다.

④ 네 번째 필터 : 처지와 상황

위에서 언급한 세 개의 필터와는 달리, 네 번째 필터는 듣는 사람의 '외부 환경'이다. 듣는 사람의 최근에 처한 상황이나 경험 등을 말한다. 듣는 사람이 어떤 경험을 하고 있는지, 혹은 어떤 환경에 처해 있는지에 따라서 전달받은 메시지의 이해와 해석이 완전히 달라질 수도 있다. 대화하는 사람의 '스트레스 레벨'도 대화에 상당한 영향을 미친다. 예를 들어, 가정적으로나 경제적으로, 혹은 관계의 어려움으로 인해 심한 스트레스를 받고 있을 경우에는 상대방의 이야기를 제대로 듣고 이해하기가 어렵다. 또한 육체적으로 몸이 피곤하고 긴장된 상태에 있거나 몸이 아프다면 제대로 듣고 이해하기가 힘들어진다. 뿐만 아니라 장소도 대화에 중요한 영향을 미치는 외부적 환경이다. 조용한 곳인지 시끄러운 곳인지, 혹은 온도 변화가 심한 장소이거나, 불쾌지수가 높은 곳에서는 필터링이 더 크게 작용한다. 이런 장소에서 대화를 나누게 되면 듣는 사람의 집중력이 떨어지기 때문에 이해도도 떨어질 수밖에 없다. 그러므로 진지한 대화를 나누기 원한다면 대화하기 좋은 장소인지, 대화하기에 좋은 시간인지도 살펴보는 것이 중요하다.

위에서 언급한 네 가지의 필터링 외에도 'NLP Communication Model'에서는 듣는 사람의 내부 환경도 대화에 영향을 미치는 필터링이 된다고 주장하고 있다. 이 내부 환경이란 바로 그 사람의 정신적인 상태나 심리적인 상태, 그 사람의 기억이나 결정능력, 혹은 메타 프로그램, 에너지 레벨 등도 대화에 필터로 작용하여 사건에 대한 이해를 왜곡시키거나 삭제, 혹은 일반화시킨다는 것이다. 그렇기 때문에 효과적인 대화를 원한다면 대화할 대상의 상황이나 처지를 가능하면 여러 각도에서 파악하려고 노력하는 것이 중요하다.

3. 대화의 걸림돌인 '착각 현상'을 이해하자

경영 컨설팅 회사인 Volentum과 BetterLoanOfficers.com의 설립자이자 경영자인 린 로드리게즈는 경영과 리더십 분야의 영향력 있는 컨설턴트이자 저술가, 강연자로 활약하고 있는데, 그의 글 「커뮤니케이션의 착각 The Communication Illusion: The Silent Relation-ship Killer」에서 조지 버나드 쇼(George Bernard Shaw)의 "대화 중에 일어나는 착각이야말로 커뮤니케이션에 있어서 가장 어려운 요소"라는 말을 인용하면서 필터링과 착각 현상에 대해 설명했다. 대화 중에 일어나는 '착각 현상'이란 말하는 사람과 듣는 사람 모두에게 일어난다는 것이다

첫 번째, 말하는 사람의 착각이다. 말하는 사람 마음속에 전달하고 싶은 메시지를 100퍼센트라고 했을 때, 자신이 생각했던 100퍼센트의 말을 다 하는 사람은 거의 없다. 100퍼센트의 메시지 중 많게는 70~80퍼센트 정도만 이야기한다. 그리고 자신은 100퍼센트를 다 말했다고 착각하는 것이다.

두 번째, 듣는 사람의 착각 현상은 어떻게 일어나는가? 대화의 걸림돌인 필터링의 작용으로 상대방이 말한 70~80퍼센트 정도를 다 알아듣는 것이 아니라 50퍼센트 정도만을 듣는 것이다. 그런데 들었던 50퍼센트도 다 이해하는 것이 아니고 그중에서 절반인 25퍼센트 정도만을 이해한다. 이 사실을 미국인 저술가이자 기자로 활동한 미농 맥로플린(Mignon McLaughlin)은 자신의 책 『신경증에 관한 노트북 Neurotic Notebooks』에서 "우리는 상대방이 말한 것 중에서 절반 정도(50퍼센트)만 듣는다. 그리고 들은 내용 중 절반(25퍼센트) 정도만 이해한다."고 설파했다. 그런데 우리는 상대방이 했던 말을 다 듣고 이해했다고 착각하는 것이다. 참으로 엄청난 착각이다.

세 번째 착각 현상은 들었던 내용을 말한 사람에게 다시 피드백해

마음을 움직이는 10가지 대화 기술

주는 과정 속에서도 나타난다. 머릿속에 피드백하고 싶은 내용이 있는데, 그 내용 전부를 피드백하지 못하고 일부만 피드백하는 것이다. 전하려는 메시지가 짧으면 말하고 듣는 과정 중에 내용의 손실이나 왜곡의 범위가 작지만, 전달하고자 하는 내용이 많을 경우 착각 현상은 더욱 심화된다. 이 과정을 도식화해서 살펴보면 다음과 같다.

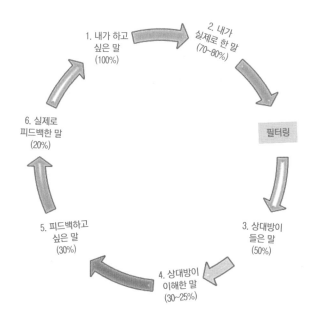

말하고 싶은 사람 마음속에 있는 100퍼센트의 내용이 듣는 사람을 통해 다시 들을 때, 20퍼센트 정도 이해했다는 사실을 알게 되면 왜 버나드 쇼가 '대화에서 가장 큰 문제가 착각 현상'이라는 말을 했는지 수긍이 간다. 그리고 미뇽 맥로플린의 말도 '결코 지나친 과장이 아니구나.'라는 생각을 하게 된다. 이 착각 현상을 이해한 후로 나

는 대화로 인해 생기는 오해와 억울함과 스트레스로부터 자유로워
질 수 있었다.

혹시 이런 경험을 해보지 않았는가?

"내가 말했잖아."

"나는 그 말을 들은 적이 없는데?"

"뭐라고? 내가 이야기할 때, 당신이 고개를 끄덕였잖아?"

"내가 언제? 난 그런 기억이 없어."

"아이고 기가 막혀. 이 사람 정말 사람 잡는구만."

이렇게 주거니 받거니 계속 말싸움을 한다. 그리고 서로 억울하다
고 한다. 하지만 이 사실을 알고 나면 억지 부릴 일도 싸울 일도 적어
진다.

레크리에이션에서 자주 등장하는 전화놀이는 위에서 말한 필터링
과 커뮤니케이션의 착각 현상을 쉽게 이해하도록 도와주는 게임이
다. 처음 말을 시작한 사람이 다음 사람의 귀에 대고 들은 말을 전하
고, 그 사람은 또 그 다음 사람에게 들은 말을 전하다가 맨 마지막 사
람이 들은 내용을 참가자들에게 보고할 때, 처음 내용과 마지막 내
용이 상당히 달라진 것을 보고 놀란다. 더구나 이 게임에 참가한 사
람의 수가 많거나 혹은 전달 내용이 복잡해지면 처음의 내용이 전혀
엉뚱한 방향으로 흘러가는 것도 한두 번쯤은 경험해보았을 것이다.

르네 로드리게즈(Rene Rodriguez)는 위 대화의 도표에서 일어나는 착
각 현상을 극소화하고 말하고 듣기 위해 다음의 6가지 요소를 점검
해가면서 대화하는 것이 중요하다고 조언하고 있다.

마음을 움직이는 10가지 대화 기술

1. 내가 하고 싶은 말

2. 실제로 내가 한 말

3. 상대방이 들은 말

4. 상대방이 이해한 말

5. 들은 사람이 피드백하고 싶은 말

6. 피드백하면서 실제로 한 말

4. 대화의 남녀 차이를 이해하자

남녀 차이도 대화에서 고려해야 할 중요한 요소다. 존 그레이 박사
가 지적한 것처럼 대화의 남녀 차이도 '금성에서 온 사람과 화성에
서 온 사람'이 다른 것처럼 많이 다르다. 남성과 여성을 비교해보면
대화하고자 하는 욕구에서부터 차이가 난다. 친밀한 관계를 원하는
여성은 남성보다 대화에 더 깊은 관심을 보이고 더 많은 대화를 원
한다. 이처럼 대화를 좋아하는 여성은 대화 중 사용하는 어휘가 남성
보다 압도적으로 많다. 대화하는 목적도 남성과 여성이 서로 다르다.
남성은 대화 중 사실과 정보를 나누는 일에 초점을 두지만 여성은 대
화를 통해 감정적 지지를 주고받으며 공감하는 대화를 원한다. 이런
이유 때문에 공감 능력은 두 말할 것 없이 여성이 남성보다 훨씬 더
뛰어나다. 하지만 남성은 감정을 나누는 것도, 감정에 대해 듣는 것
도 힘들어 한다.

　남녀 차이가 어디 그뿐인가? 남성은 대화를 문제 해결을 위한 수

단으로 여기는 반면, 여성은 관계를 세우는 다리로 여긴다. 대화에 대한 이런 차이 때문에 남성과 여성이 만족할 만한 대화를 한다는 것은 결코 쉬운 일이 아니다. 위에서 열거한 차이점들을 이해함과 동시에 친밀하고 사랑이 넘치는 대화의 기술을 배우고 연마하지 않으면 소통에 문제가 생길 수밖에 없다.

5. 같은 관점에서 바라보도록 하자

위에서 설명한 대화의 걸림돌을 제거하는 데 도움이 되는 것은 서로 간에 관점의 차이가 있음을 인정하고 대화를 하면서 나의 관점을 내려놓고 상대방의 관점에서 듣고 이해하는 것을 배우는 것이다.

관점의 차이를 여러 각도에서 설명한다. 스티븐 코비 박사의 『성공하는 사람들의 일곱 가지 습관』을 가르치면서 아래와 같은 사진을 보여주며 참가자들에게 무엇이 보이는지를 묻는다. 다음 사진에서 누가 보이는가? 젊은 여자인가, 나이든 할머니인가? 둘 다. 보기에 따라 머리 위쪽을 집중해서 보면 '젊은 여자'가 보이고, 얼굴 아래쪽 턱을 집중해서 보면 '나이든 할머니'가 보인다.

그럼, 그 옆에 있는 그림에서 당신은 무엇을 보는가? 토끼인가, 오리인가? 둘 다 맞다. 오리도 맞고 토끼도 맞다. 이처럼 보는 사람과 보는 각도에 따라 달리 보이는 것을 '관점의 차이'라고 말한다.

이외에도 사람마다 보는 바가 다르다는 사실을 확인해보는 실험들이 있다. 여러 실험이나 시범들 가운데 내가 특별히 좋아하는 시범은 '벽보고 말하기'다.

마음을 움직이는 10가지 대화 기술

토끼? 오리?

대화 기술 세미나 첫 번째 시간에는 어김없이 '같은 관점에서 바라보기(Perspective exercise) 연습을 하는데, 이 연습은 짐(Jim)과 낸시 랜드럼(Nancy Landrum)의 책『결혼생활을 유지하기 그리고 사랑하기』에 소개된 활동이다.

참석자 중 자원하는 부부를 무대 앞으로 나오게 한 후 '벽보고 말하기' 실습을 한다. 한 사람은 벽을 향하게 하고, 다른 한 사람은 상대방의 등을 맞대고 청중석을 향하여 서게 한 후, 먼저 벽을 보고 있는 사람에게 "무엇이 보이나요?"라고 물으면, "벽이 보이는데요."라고 대답을 한다. 다음에는 청중석을 향하고 있는 사람에게 "무엇이 보이나요?"라고 물으면 "사람들이 보이네요."라고 답하고, "또 뭐가 보여요?"라고 물으면 "의자도 보이고 책상도 보여요."라고 대답한다. 다시 벽을 보고 서 있는 사람을 향해 "당신 눈에는 무엇이 보이나요?"라고 물으면 "벽이 보입니다."라는 답이 돌아온다.

다시 그 사람에게 같은 질문을 하면, "벽밖에 안 보이는데요."라고 난처한 듯한 표정을 지으며 같은 답을 한다.

곧이어, 한 번 더 청중을 향해 있는 사람에게 질문을 하면, "컴퓨터도 보이고, 창문도 보이고…." 하는 식으로 자신의 눈에 보이는 물건들의 이름을 나열한다. 그때, 벽을 향해 서 있는 사람에게 이렇게 질문을 한다.

"지금 당신의 배우자가 여러 가지 것들이 보인다고 말하는데, 그 사람이 거짓말을 하고 있는 걸까요?"

"아니에요. 진실을 말하고 있겠지요."

"그럼, 그 사람 말이 맞는지 확인해보고 싶지 않으세요?"

"네."

"확인해보려면 어떻게 해야 할까요?"

"몸을 돌려서 그 사람이 바라보는 쪽을 바라보면 되겠지요."

"자, 그럼 그렇게 해보세요. 등을 돌려서 당신 배우자의 고개 너머로 무엇이 보이는지 말해보세요."

"네, 사람들이 보입니다."

"또 무엇이 보이나요?"

"책상과 의자도 보입니다. 그리고 컴퓨터도 보이고, 창문도 보이고요…."

두 사람에게 내가 묻는다.

"상대방을 이해할 수 없을 때, 상대방의 말과 행동을 이해하려면 어떻게 해야 한다구요?"

"네, 상대방과 같은 관점에서 바라보는 것입니다."

이것이 바로 상대방의 입장이 되는 것이다. 그 입장에 서 보았을 때, 비로소 우리는 그 사람의 생각과 관심과 걱정거리, 바람과 감정이 어떤 것인지를 이해하게 된다.

'같은 관점에서 바라보기'는 자기의 주장과 입장을 잠깐 내려놓고, 벽을 바라보는 것이 아니라 상대방이 보는 방향을 향하는 것이다. 그리고 상대방의 신발도 신어보고, 상대방의 옷도 입어보는 것이다. 그렇게 그 사람의 입장이 되어보는 것이다.

자, 지금까지 설명한 대화의 이론을 염두에 두고 건강한 대화를 가르쳐주는 〈10가지 대화 기술〉을 차근차근 배워보기로 하자.

대화 기술 포인트

1. 대화에서는 언어적인 요소보다 비언어적인 요소가 더 중요하다.

2. 대화 중에 일어나는 '필터링'을 이해하자.

3. 대화의 '착각 현상'을 이해하자.

4. 대화에 관한 남녀 차이를 이해하자.

5. 관점의 차이를 이해하자.

관계 향상시키기

1. 대화 기술 포인트 가운데 그동안 내가 잘 알고 있었던 요소는 무엇이며,

   잘 알지 못했거나 오해했던 요소들은 무엇인지 서로 나눠보세요.

2. 관점의 차이를 줄이기 위해 상대방의 입장에서 듣기를 실천해보세요.

3. 대화의 착각 현상을 줄이기 위해 노력할 일 한 가지를 적고 나눠보세요.

마음을 움직이는 10가지 대화 기술

II

대화 기술

1

듣고 듣고 또 듣는
이해 기술

인간은 입이 하나 귀가 둘이 있다. 이는 말하기보다 듣기를 두 배 더하라는 뜻이

다. 탈무드

이해하려고 노력하지 않으면 우리는 판단과 거부와 조작으로 이끌린다. 이해하

려고 하면 수용과 참여가 생긴다. 이 두 길 중에서 후자만이 훌륭한 가족생활을

가능하게 하는 원칙에 바탕을 둔 것이다. 스티븐 코비

살다 보면 이런 생각을 할 때가 있다.

마음을 움직이는 10가지 대화 기술

"그 사람 내가 꽤 잘 알고 있는 사람 같았는데 이제 보니 정말 모르 겠네. 도무지 이해할 수가 없단 말이야?", "이 사람 내가 전에 알고 있던 사람 맞아?" 하며 고개를 갸우뚱하다가 갑자기 떠오르는 속담 하나에 생각이 멈춘다.

'열 길 물속은 알아도 한 길 사람 속은 모른다.'

열 길쯤이나 되는 깊은 물속이라도 자세히 살펴보면 그 속에 무엇 이 있는지, 얼마나 깊은지, 물이 더러운지 깨끗한지, 해류의 흐름은 어떠한지 파악할 수 있는데, 사람 마음은 보이지도 않고, 들어가 볼 수 없어서 한 길도 안 되는 사람 마음 알기가 참으로 어렵다는 뜻에 서 나온 속담이다.

사랑에 빠져 연애를 하고 결혼하기로 작정한 예비 커플을 상담할 때, 두 사람이 결혼하기로 결정하게 된 이유 하나를 말해보라고 하면 많은 커플들이 이렇게 대답한다.

"우리는 깊이 사랑하고 있고요. 무엇보다 서로가 서로를 잘 이해 하고 있어요."

"와, 그렇군요! 두 분 천생연분인가 보네요."

내가 이렇게 맞장구를 치면 신이 난 그들 중 하나는 "이 사람이 내 마음을 너무나 잘 이해해줘요. 내가 무슨 생각을 하고 있는지조차 신 기하게 알아맞춘다니까요."

"그래요? 평생 그렇게 서로 이해하고 살았으면 좋겠어요."라는 내 말이 끝나기가 무섭게 "그럼요. 우린 꼭 그렇게 살 거예요."라고 말 한다. 참 귀엽고 예쁜 커플이다.

그런데 '서로를 깊이 이해하고 있다.'는 이들의 확신이 언제까지 유효할까? 당신은 당신의 배우자가 왜 그런 말을 하는지, 왜 그런 생각과 행동을 하는지, 왜 그렇게 느끼고 있는지 이해할 수 있는가? 행여 '아무리 애쓰고 노력해도 도저히 이해할 수 없는 당신, 세월이 흐를수록 더욱 더 낯선 당신'이라고 생각하며 마음에 높은 벽을 쌓은 채 살아가고 있지는 않은가? 왜 처음 만나 사랑할 때는 그토록 이해가 잘 되었는데 한 지붕 밑에서 한솥밥 먹으며 살아가는데 이해할 수 없는 부분들이 더 많아지는 걸까? 이유는 간단하다. 이해하려는 노력이 부족하고 이해 기술에 대해 배우지 않았기 때문이다. 그럼 '이해 기술'을 배우고 노력하면 이해할 수 없던 사람도 다시 이해가 가능해진단 말인가? 당연히 그렇다!

'이해하다'의 영어 단어는 'understand'인데, 단어의 어원을 따져 보면 'under'라는 단어와 'stand'란 단어가 합해서 이루어진 합성어다. 그러니까 'understand'는 under+stand로서 '누군가의 아래에 선다.'는 뜻이다. 누군가를 이해하려면 '그 사람 아래, 혹은 그 사람의 입장에 서 보아야 한다.'는 것이다. '이해하다'라는 단어를 이보다 더 쉽고 이보다 더 명료하게 해석할 수는 없을 것 같다. 결국 '이해 기술'이란 '상대방의 입장에 서서 그 사람의 눈으로 세상을 보고 느끼며 해석하는 것, 그런 다음에 자신의 말로 듣고 이해한 바를 피드백하는 기술'을 말한다. 이런 과정을 통해 상대방에게 '나는 당신을 깊이 이해합니다.'라는 메시지를 전하면서 '공감'이라는 소중한 선물을 주는 것이다. 이 기술은 모든 대화의 기술 중 가장 연마하기 어렵

마음을 움직이는 10가지 대화 기술

다. 그런 이유 때문에 가장 많은 시간과 노력이 필요한 기술이다.

1. 도저히 상대방을 이해하기 어려울 때.

   배우자의 입장을 이해할 수 없을 때, 자녀를 이해할 수 없고, 부모를 이해

   할 수 없을 때, 며느리가 시어머니를, 시어머니가 며느리의 입장을 이해

   할 수 없을 때

2. 두 사람 사이의 의견이 서로 다를 경우나, 두 사람 모두가 나누어야 할

   중요한 이야깃거리가 생겼을 때

3. 서로에게 힘든 감정을 갖고 있거나 혼란에 빠져 있을 때

이해하기 위해 깊은 관심을 보이는 자세로 듣자

대화에 있어서 '언어적 요소보다 비언어적 요소가 메시지 전달에 훨
씬 더 크게 영향을 미친다.'는 사실을 1장에서 이미 배웠다.

　앞의 '메라비언 도표'에 따르면 청각적 요소와 시각적 요소가 무려
93퍼센트의 비중을 차지하고 있으니 잘 듣고 잘 보지 않는다면 상
대방이 전하고자 하는 메시지를 결코 제대로 이해할 수 없다는 사실
을 기억하면서 효과적인 대화를 위한 바른 자세를 배워보도록 하자.

　'경청'이란 한자어를 풀이해보면 어떤 자세로 들어야 하는지 구체

적으로 알 수 있다. '경청'은 '기울 경(傾)'과 '들을 청(聽)'의 합성어인데 '경'은 예의를 갖추고 정중하게 말하는 사람을 향해 기울이는 것을 말한다. 그 다음은 '청' 자인데 이 글자 속에서 진정한 듣기가 무엇인지를 알 수 있다. 들을 청자는 귀 이(耳), 임금 왕(王), 열 십(十), 눈 목(目), 하나 일(一), 마음 심(心)의 부수로 이루어져 있다. 이 뜻을 조합해보면 '귀는 왕이 말씀하실 때 듣는 것처럼 듣고, 눈은 열 개의 눈을 가지고 보는 것처럼 집중하여 진지하게 바라보면서, 마음은 하나로 모은 상태'로 듣는 것이라고 풀이할 수 있다. 즉, 이렇게 겉과 속이 동일하게 그 사람에게 온전히 집중하고 들을 만한 준비가 되어 있는 상태가 '들을 청'이라는 한 글자로 요약이 된다. 다시 말하면 '경청'이란 '내가 당신을 사랑하고 존경합니다.'라는 정중한 자세로, 자신의 내면에서 오고가는 생각을 중지하고, 상대방을 향하여 마음을 열고, 그에게 집중해서 듣는 것을 말한다. 이렇게 집중해서 듣다 보면 상대방을 이해하기가 훨씬 쉬워진다.

대화를 위한 바른 자세에 대해 이해인 수녀는 '온몸과 마음으로 말하는 상대방의 메시지를 잘 이해하려면 민감하게 귀 기울여 들어야 한다.'라는 것을 다음의 시에서 잘 표현하고 있다.

마음을 움직이는 10가지 대화 기술

듣기

귀로 듣고

몸으로 듣고

마음으로 듣고

전인적인 들음만이 사랑입니다.

모든 불행은

듣지 않음에서 시작됨을

모르지 않으면서

잘 듣지 않고

말만 많이 하는

비극의 주인공이

바로 나였네요.

아침에 일어나면

나에게 외칩니다.

들어라

들어라

들어라

하루의 문을 닫는

한밤중에

나에게 외칩니다.

들었니?

들었니?

들었니?

위의 시, 「듣기」를 읽으면서 나는 감탄사를 연발하지 않을 수 없었다. '경청'의 의미와 '경청'을 위한 바른 자세와 '경청'의 유익에 대하여 이렇게 쉬운 언어로 시를 쓰는 그녀의 능력에 대한 감탄사였다. 그리고 또 하나의 감탄은 자신이 잘 듣는 사람이 되기를 이처럼 갈구하며 애써 노력한 흔적들이 시 속에 고스란히 배어 있어서였다.

우리 중에 '경청'에 대해 이처럼 열심히 생각하고, 고민하고, 연구하고, 잘 듣기 위해 기도하며 노력하는 사람이 몇 명이나 될까? 이렇게 잘 듣지 못한 자신을 질책하며 매일 잘 듣기를 연습하는 사람이 과연 몇 사람이나 될까?라는 생각을 하면서 나 자신에게 이런 질문을 해보았다. '듣기 전문가가 나의 듣기 실력 점수를 매긴다면 나는 과연 몇 점이나 받을 수 있을까?'라는 질문에 갑자기 자신이 없어진다. 만약 내가 상담가가 되기 전에, 대화 기술을 배우기 전에 듣기 테스트를 했더라면 나는 틀림없이 바닥 점수를 받았을 것이다.

위의 시를 통해 표현된 '깊은 관심을 가진 자세'를 기억하기 쉽도록 우리 몸의 각 부분들을 순서대로 정리하면 다음과 같다.

1. 눈을 바라보며 들으세요.

2. 입은 다물고 추임새를 하면서 들으세요.

3. 고개는 가끔씩 끄덕여가며 들으세요.

4. 등은 앞을 향해 조금 기울이고 들으세요.

5. 손으로 딴 일하지 말고 들으세요.

6. 발은 한곳에, 즉 돌아다니지 말고 들으세요.

이 여섯 가지 자세는 『다섯 가지 사랑의 언어』를 쓴 게리 채프만 박사로부터 배운 것이다. 이런 자세와 함께 마음을 하나로 모아 듣는다면 우린 분명 전보다 더 잘 듣고 이해하는 사람이 될 것이다. 대화 기술 강의에서 '듣는 자세의 중요성'에 대해 설명한 후에 가족들과 함께 실습해보라는 숙제를 내주었다. 그 다음 날 숙제 점검을 하는 시간에 깜짝 놀랄 일이 생겼다며 흥분하는 엄마가 있었다. 방황의 시기를 보내던 사춘기 딸이 입을 닫아버려서 답답한 마음에 세미나에 참석했다면서 말문을 열었다. 그 전에는 딸과 단 2~3분도 이야기하지 못했다고 했다. 대화할 때 딸 옆에 앉아 서로 컴퓨터나 스마트폰을 가지고 각자 할 일을 하면서 짧은 대화만 주고받았는데, 자세의 중요성에 대해 배우고 난 후, 마주보며 대화하자고 딸에게 부탁하고 대화를 시작했더니 무려 30분 이상을 딸과 이야기했다는 것이다. 그 엄마는 기적이 일어났다며 좋아했다. 그러면서 "자세 하나 바꾸니 대화가 이렇게 달라지다니 믿을 수 없어요."라고 말했다. 서로 마주 앉아 눈을 바라보며 대화하는 연습을 하던 중년의 부부가 떠오른다.

"눈보고 이야기하니까 처음에는 쑥스럽고 어색하더니, 조금 지나니까 연애시절 기분이 나는 거예요. 아내가 이렇게 다소곳이 앉아 듣는 모습을 보니 그때 그 사랑하던 마음이 다시 생기는 것을 느꼈어요." 남편의 이 고백을 들은 아내가 얼굴을 붉히며 행복한 미소를 짓던 모습을 잊을 수 없다.

이해하기 위해 경청하자

'대화'에 관해 이야기할 때면, '이해하기 위해 경청하라.'는 조언을 한다. 그런데 경청의 의미를 제대로 아는 사람이 생각보다 많지 않다. '경청'의 의미가 무엇이냐고 물으면 '다른 사람이 말한 내용을 잘 듣는 것, 혹은 잘 듣고 이해하는 것' 정도로 생각하는데, '경청'이란 말은 그보다 훨씬 더 깊은 뜻을 담고 있다.

폴 트루니에는 "경청이란 사랑과 존경심을 가지고, 진심으로 상대방을 이해하려고 노력하면서 오랫동안 진지하게 들어주는 것이다. 그런데 이것은 겉으로 드러나는 모습 이면에 감추어진 또는 멀리 있는 원인을 찾아내고자 노력하는 것이다."라고 했는데, 이 말 속에는 몇 가지 중요한 포인트가 담겨 있다.

첫째, 사랑과 존경심을 갖춘 자세로,

둘째, 진심으로 이해하려고 노력하면서,

셋째, 오랫동안 진지하게 들어주는 것이다.

마음을 움직이는 10가지 대화 기술

넷째, 겉으로 드러나는 내용(표현된 내용)을 이해할 뿐 아니라

다섯째, 이면에 감추어진 원인, 즉 표현하지 않은 감정까지 파악하려고 노력하면서 듣는 것.

이것이 바로 '경청'이라는 단어의 뜻이다. '경청'이란 한 단어가 갖는 뜻이 참으로 심오하다. 이렇게 듣고 이해하려면 결코 쉽지 않은 일이고, 그러기에 많은 노력이 필요하다는 것이다.

스티븐 코비 박사는 '경청'이란 단어 앞에 '공감적'이란 단어를 붙여 '공감적 경청'이란 말을 사용했는데 '공감'한다는 말도 제대로 하는 것이 중요하다. '공감'과 '동감'에 대해서는 많은 사람들이 구별하지 않고 혼용해서 사용하지만, 확실히 다른 뜻을 갖고 있다. 국어 사전을 보면 '동감(同感)'은 '같을 동'에 '느낄 감'이 합해져 '느낌', 즉 '남과 같은 느낌을 갖는 것'을 말한다. 그러니까 동감은 직접적 의미로 '같은 상황이나 경우를 직접 체험해봤을 때 갖는 같은 감정'을 이르는 말이다.

반면, '공감(共感)'이란 단어는 함께 '공'에 느낄 '감'이 합해져서 '남의 생각이나 의견에 대하여 자기도 그러하다고 느끼는 것'을 말한다. 그러니까 공감은 간접적 의미로써 '그 감정을 직접 체험하지 않았지만, 자신도 그 입장에 있으면 그럴 것 같다. 조금은 그 입장을 이해할 수 있으며, 헤아릴 수 있다. 혹은 같은 경우는 아니었지만 비슷한 경우에 있어서 그 감정을 알 수 있을 것 같다.'라는 뜻이다.

'공감'이란 영어 단어는 'empathy'다. Em(into)이라는 접두사와 +pathy(feeling)라는 말의 합성어인데 두 말을 합하면 '~의 감정 속으

로 들어가다.'는 뜻이다. 한국말로는 '감정이입(feel into)'에 해당된다. 조금 더 자세히 설명하면 '상상력을 동원하여 상대방의 생각과 염려 그리고 그 사람의 감정 속으로 들어간다.'는 뜻이다.

다시 스티븐 코비 박사의 이야기로 되돌아가서 "공감적 경청이란 다른 사람의 패러다임 속으로 들어가는 것을 말하는데 쉽게 말하면 다른 사람의 정신과 마음속으로 들어가 경청하는 것을 말한다. 그것은 공감하면서 경청하는 것으로 다른 사람의 눈으로 세상을 보는 것이다."라고 할 수 있다.

이렇게 볼 때, '공감적 경청'이란 상대방의 마음에 흐르고 있는 감정까지를 이해하고자 그 사람의 세계 속으로 들어가 마치 그 사람이 경험하는 것을 함께 경험하고 있다는 심정으로 듣고 이해하며, 그 사람에게 공감하고 있음을 알려주는 것을 말한다.

공감에 대한 설명을 할 때면 잊지 않고 떠오르는 한 부부가 있다. 자녀양육 세미나에 참석했던 치과의사 부부다. 가족들과 의미 있는 대화를 위해 공감의 중요성과 공감의 방법에 대해 설명을 하고 부부 간에 실습하는 시간을 가졌다. 그리고 한 주 동안 가족들이 말할 때 공감하며 듣는 숙제를 내주고 강의를 마쳤는데, 남편이 다른 아빠들과 담화를 나누는 사이, 한 여자 분이 내게로 와서 하소연을 했다.

"저는 우리 아이들이 대학만 들어가고 나면 저 사람과 이혼할 거예요. 저희 남편은 도대체 공감이란 '공'자도 모르고요. 저를 손톱만큼도 이해하지를 못해요. 결혼하고 지금까지 제가 얼마나 힘들게 살았는지 생각해보면 너무 너무 억울해요."라면서 남편과의 대화 내용을 이야기해주었다.

"제가 여기는 너무 덥네요, 하면 남편은 이게 더운 게 아니야. 따뜻한 거지,라고 말해요. 또 제가 너무 춥네요,라고 말하면 남편은 추운 게 아니고, 이 정도면 아주 시원한 거야,라고 해요. 제가 피곤하다고 하면 그까짓 것 해놓고 뭘 그렇게 피곤하다고 하는 거야,라고 말하죠. 또 제가 너무 힘들어요,라고 말하면 다른 사람도 다하는 일인데 너무 생색내지 말라고 해요. 우리 대화는 늘 이런 식이에요. 그래서 요즘은 남편하고 이야기하기도 싫어요. 그런데 제가 이런 사람하고 어떻게 평생을 함께 살겠어요?"

"그동안 많이 답답하고 힘드셨겠어요. 이해받지 못한다는 생각이 들 때면 외롭기도 하고, 함께 산 세월이 억울하게 느껴지신단 말이죠?"

부인은 나의 이 한마디 말에 고개를 끄덕이며 눈물을 흘렸다.

비폭력 대화의 프로세스를 창안한 마셜 로젠버그(Marshall B. Rosenberg)가 진단한 것처럼 그 남편은 공감을 해주는 대신에 충고하거나 안심시키고 싶은, 자기 입장이나 생각을 설명해주고 싶은 강한 충동을 자주 느끼는 것이다. 그래서 공감 대신에 공감의 장애물이 되는 조언하기, 한 술 더 뜨기, 가르치려 들기, 위로하기, 다른 이야기 꺼내기, 말 끊기, 동정하기, 심문하기, 설명하기, 바로잡기 등으로 대화를 이끌어가는 것이다. 그것이 아내를 얼마나 힘들게 하는지 그리고 아내를 얼마나 큰 고통 가운데로 몰아넣고 있는지 알지 못한 채 살아가고 있는 것이다.

마셜 로젠버그는 "공감은 당신의 존재라는 선물을 주는 것이다." 라고 힘주어 말한다. 그의 말이 사실이라면 다른 사람의 말을 듣고 이해하고 공감해주는 것이 어떻게 선물이 된다는 말일까? 그 같은 맥락에서 보면 고통받고 있는 아내를 고통으로부터 구해주는 것, 힘 들어하는 아내를 이해함으로 그 짐을 가볍게 해주는 것, 그것이야말 로 큰 선물이 아니고 무엇이겠는가?

열 가지 대화 기술의 저자인 거니 박사와 메리 여사는 이같이 강조 한다.

"당신이 상대방에게 이해하는 태도를 보이는 것은 그에게 놀라운 선물을 주는 것이다. 당신이 이해하는 태도를 보여주면, 상대방은 마 음을 활짝 열고 더 많은 것을 말하게 될 것이다. 그는 자신의 더욱 깊 은 감정이 어디에서부터 오는지 그 의미가 무엇인지 표현하게 될 것 이다. 이것은 오직 당신이 상대방에게 목소리로나 몸짓, 사용하는 단 어를 통해 존경심과 연민을 보여줄 때 가능하다. 이해하는 태도를 보 여주는 것은 상대방에게 마음을 열고 상처받기 쉬운 감정까지 당신 과 함께 나눌 수 있도록 초대하는 것과 같다. 만약 상대방이 보여주 는 생각이나 감정이 당신에게 의외거나 실망스러울 때도 당신이 존 경과 용납하는 태도를 보여주면 격렬했던 감정들이 누그러지는 것 을 느낄 수 있을 것이다. 이해받으면 마음의 응어리가 풀리고 부드러 운 마음이 되므로 아주 어려운 문제나 갈등도 풀 길이 열린다."

결과적으로 이해하고 이해받는 삶을 통해 부부간에, 가족간에 사 랑과 친밀감을 경험하는 사이가 될 것이다.

나는 상담을 하면서 이런 말을 종종 듣는다.

"제 입장이 되어서 들어주시고, 이해해주시는 분을 처음 만났어요. 이렇게 이해해주시니 속이 다 후련해지네요. 가슴에 답답하게 맺힌 것이 풀어진 것처럼 시원해요. 억울하고 분한 감정이 속에서 다 나와 없어진 것 같아요. 선생님과 이야기하다 보면 왜 이렇게 시간이 빨리 가는지 모르겠어요. 이제 10분 정도 지난 줄 알았는데 벌써 끝날 시간이네요."

이해하기 위해 상대방의 입장에서 듣자

'안방에 가면 시어머니 말이 옳고, 부엌에 가면 며느리 말이 옳다.'는 말이 있다. '남편 말 들으면 남편 말이 맞고 아내 말을 들으면 아내 말이 맞다.', '부모 말을 들으면 부모가 맞고 자녀 말을 들으면 자녀 말도 맞다.'는 등의 말도 같은 맥락이다.

모두가 맞다. 아무도 틀리지 않았다. 자신의 입장에서 말하기 때문이다. '나에게는 문제가 없는데 저 사람이 문제다.'라고 생각하는 한, 문제가 되는 상대방을 결코 이해할 수 없다.

그럼 어떻게 해야 할까? 상대방을 이해하려면 마음과 생각을 비우고, 자신의 관점을 내려놓고, 상대방과 같은 입장에 서서, 상대방의 관점이 무엇인지를 상대방의 눈으로 보고 느끼고 이해해야 한다. 다음의 도표처럼 그 사람에게 무슨 일이 일어났는지, 무슨 생각을 하는지, 염려와 걱정이 있는지, 바라는 것이 무엇인지, 어떤 감정을 갖고 있는지를 알고자 노력하는 것이다. 이때 비로소, 나와 정반대의 입장에 있는 사람을 이해할 수 있게 된다. 마음을 열어 상대방의 입장에 서게 되면 상대방의 관점이 보이면서 상대방이 이해되기 시작한다. 비록 완전히 동의할 수는 없지만 그동안 '불가사의'하게 느껴졌던 것들이 이해가 되고 이전에 보지 못했던 신기한 경험을 하게 된다.

데니스 스토이카와 짐 코벨이 대화 기술을 가르치면서 다음의 '경험 모델'을 만들었는데 특별히 데니스 스토이카는 '캘리포니아 건강한 관계 향상 단체Healthy Relationships California(HRC)'의 설립자이자 지난 10년 동안 회장으로 일을 한 사람이다. 그가 회장으로 일할 당시, 캘리포니아 주민 14만 명이 그 단체에서 제공하는 관계 향상 프로그램을 하나 이상 들을 정도로 건강한 가정생활과 결혼관계 향상에 크게 공헌을 했다. 뿐만 아니라 그는 오바마 정부가 출범할 때 예방차원에서 '건강한 결혼생활'과 '건강한 아버지 교육'을 위해 1천 5백만 달러의 연방정부 지원금을 책정하도록 하는 데 혁혁한 공을 세웠다.

그가 만든 '경험 모델'을 나는 '대화의 로드맵'이라고 즐겨 부른다. 왜냐하면 이 경험 모델은 듣는 사람과 말하는 사람 모두에게 꼭 필요한 대화의 요소들이 한눈에 보이도록 요약된 도표이기 때문이다.

대화의 로드맵이 되는 '경험 모델'에 따르면 대화는 주로 '사건을 진술'하는 것으로 시작된다. "오늘 직장에서 이런 일이 있었어요. 혹은 오늘 신문에 이런 기사가 났어요." 등으로 대화의 문을 여

대화의 로드맵

EVENTS 사건		
F	THOUGHTS 생각	
E	CONCERNS 관심 염려	DESIRES 바람
E		
L I N G S		감정

는 것이다. 사건을 진술한 다음에는 그 사건에 관련된 자신의 생각을 피력한다. "내 생각에는, 제 의견으로는….."이라는 말로 자신의 생각이나 의견을 말하는 것이다. 그 다음에는 그 사건에 관련된 자신의 염려나 관심거리에 대해 말을 하거나 혹시 바라는 바가 무엇인지 귀 기울여 듣는다. 마지막으로는 그 사건으로 인해 갖게 된 자신의 감정에 대해서도 언급하는 것을 잊지 않는다. 상대방이 자신의 감정을 말로 표현하면 그 사람의 감정을 이해하기가 쉽다. 하지만 말로 표현하지 않는 경우도 많다. 이처럼 표현하지 않는 감정은 맨 밑바닥에 위치한 감정이다. 이 같은 순서를 따라가며 이야기를 하게 되면, 그 사건에 관한 자신의 생각과 관심, 염려와 걱정거리, 바람과 감정까지를 나누게 되어 마음과 마음이 만나는 깊이 있는 대화가 가능해진다. 상대방이 혹시 이와 같은 순서대로 말하지 않는다 하더라도 듣는 사람이 자신을 상대방의 입장에 두고, 그 이

야기 속의 주인공이 되어 듣다 보면 그 사람의 생각과 염려, 바람뿐
아니라 가슴 속 밑바닥에 흐르는 감정까지 파악하고 이해할 수 있
게 된다.

듣고 이해한 것을 피드백해주자

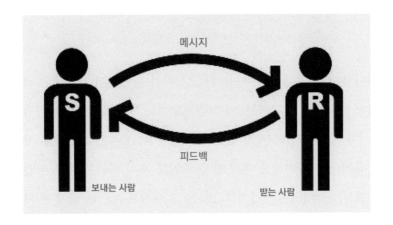

이해 기술 원칙 네 번째는 상대방의 입장에 서서 상대방의 말을 경
청한 후에, '당신을 잘 이해합니다.'라는 '피드백'을 주는 것이다.
 '피드백'이란 '재진술(Restatement)'이나 '미러링(Mirroring)' 혹은 '반
영적 경청(Reflective Listening)'이라는 말과 같이 사용되는데 대화 기술
에서나 상담기법에서 중요하게 다루는 단어다. 그렇다면 이 '피드
백'이란 구체적으로 어떤 것을 말하는 걸까? '미러링'이나 '반영적
경청'이란 단어의 의미를 생각해보면 그 뜻을 쉽게 알 수 있다. '피드

백'은 거울의 역할과 마찬가지로 '반사해서 보여주는 것'이다. 이는 상대방이 자기를 들여다볼 수 있도록 '거울'처럼 반사해준다는 뜻이다. 반사를 해주지만 상대방이 말한 이야기의 내용을 똑같이 앵무새처럼 복사하듯 말하는 것이 아니라 자신이 듣고 이해한 대화의 내용, 즉 상대방의 생각, 관심과 염려 혹은 바람, 감정 등을 자기 말로 요약해서 상대방에게 다시 들려주는 것이다. 처음 피드백 연습은 주로 어린 시절의 경험을 서로 나누고 피드백을 해주는 것으로 한다. 어떤 여성 한 분이 내게 들려준 이야기다.

"제가 초등학교 다닐 때 일이에요. 우리 집 거실 소파 옆 테이블에 동전 통이 하나 있었어요. 엄마 아빠가 주로 쓰다가 남은 동전을 모아두는 통이지요. 어느 날 학교에 갔다 집에 돌아왔는데 화가 난 엄마가 큰 소리로 내게 물었어요. 너 여기 놔둔 동전 통 봤니? 동전 통이 없어졌다. 니가 가져갔지? 그 돈 갖다 뭘 사 먹은 거야, 아님 누굴 준 거야? 바른대로 말해. 바른대로 말하면 용서해줄게.""엄마, 난 몰라요. 내가 안 가져갔어요.""너, 엄마가 모를 줄 알아?""정말 내가 안 가져갔어요.""엄마 몰래 돈 가져가더니 이젠 뻔뻔하게 거짓말까지 하는구나." 하면서 나를 막 때리는 거예요. 근데 나중에 알고 보니 동생이 동전 통을 가져다가 친구들이랑 사탕을 사먹은 거였어요. 지금도 그 일이 잊혀지지 않아요."

피드백하기

"자매님이 초등학교 다닐 때 일어났던 일이에요. 어느 날 학교에서 돌아왔는데 엄마가 화난 목소리로 다짜고짜 거실 테이블에 놓인 동전 통이 없어졌는데, 가져갔냐고 물어서 안 가져갔다고 대답을 했지요. 자매님이 안 가져 갔으니까요. 근데 엄마는 철석같이 자매님이 가져갔다고 믿은 거예요. 엄마는 자매님이 돈도 훔쳐갔고, 거짓말까지 한다고 오해를 한 것이죠. 그 때문에 화가 난 엄마가 자매님을 막 때렸어요. 근데 나중에 알고 보니 동생이 동전 통을 가져다 사탕을 사먹은 거였어요. 그때 엄마가 믿어 주지 않아서 너무 억울했겠어요. 잘못도 안 했는데 매까지 맞았으니 얼마나 속상하고 화가 났을까요? 엄마가 너무 야속하고 무섭고 그래서 슬펐겠어요. 그리고 동생 때문에 오해받고 맞았으니 동생이 너무 미웠겠어요. 제가 자매님 하신 말씀 잘 이해했나요?"

"네, 너무 잘 이해해주셨어요. 박사님 말씀을 들으면서 이상하게 그때 화난 기분이 다시 살아나는 느낌이었어요. 엄마 때문에 억울하고 화가 나고 슬프고 무섭고, 동생이 밉고…. 근데 박사님이 제 마음을 이해해주시니까 그 힘들었던 가슴의 응어리가 다 풀어지는 것 같아요. 내 입장을 이해하고 믿어주시니까 기분도 좋아지고요. 박사님이랑 계속 이야기하면 참 좋겠다는 생각이 들어요. 정말 감사합니다."

이처럼 대화 파트너와 함께 듣고 '피드백'을 주고받는 실습을 한 후, 소감을 물으면 비슷한 대답들이 쏟아져 나온다.

'피드백을 들으면서 상대방이 참 잘 들어주었다는 사실을 확인하고 기뻤어요.', '나를 이해하고 공감해주는 것을 들으며 기분이 좋았어요.', '내가 했던 이야기를 다시 들으면서 혼란스러웠던 생

마음을 움직이는 10가지 대화 기술

각과 감정들이 정리가 되고, 이로 인해 전에는 생각해보지 못했던 나에 관한 새로운 발견과 사건에 대해 새로운 안목을 갖게 되었어요.', '잘못 들은 부분을 교정할 수 있어서 참 좋았어요.' 등 자신의 경험들을 나누는 것을 들으면 '피드백'의 유익에 대해 다시 한 번 확인하게 된다.

이처럼 피드백은 말했던 사람에게 여러 가지 유익하지만 듣는 사람 입장에서는 결코 쉬운 일이 아니다. 중간에 끼어들지 않고 듣는 것이 어렵고, 상대방의 입장에 서서 듣는 것이 어려운 일이다. 또한 지속적으로 집중해서 듣는 것도 어렵고 들은 것을 요약해서 피드백 하는 것도 어렵다. 이런 사실을 나누면서 아직도 효과적인 대화를 위해 가야 할 길이 멀다는 생각을 다시 하게 되지만 서로를 격려해주며 대화 기술의 필요성을 더 한층 뼈저리게 느끼는 시간이 된다.

상대방의 교정을 너그러이 받아들이자

상대방의 입장에 서서 상대방을 이해하기 위해 부단한 노력을 한다 할지라도, 100퍼센트 상대방을 이해할 수 없다는 사실을 이미 배우고 경험했다. 이야기를 듣는 도중 잊어버릴 수도 있고, 잘못 들을 수도 있으며 들었지만 잘못 이해할 수도 있다. 그렇기 때문에 제대로 이해하기 위해서는 이야기한 사람에게 다시 확인해보는 일이 중요하다. '피드백'하는 작업을 통해 잘못 이해한 사항이 있다면 바로 잡아 교정해야 상대방의 입장을 보다 더 정확하게 이해하게 된다. 이때 상대방의 교정을 기분 나쁘게 받아들이지 말고, 너그러운 마음으로 받아들이는 것이 두 사람 모두에게 유익하다.

당신이 이해하는 태도를 보이기 위해 상대방의 입장에 선다고 할지라도 당신이 상대방이 될 수 없는 노릇이다. 그래서 때로 상대방의 입장에서 당신 나름대로 감정이나 갈등을 이야기하지만 상대방에게는 그게 아닐 수도 있다. 때로는 다른 감정이나 더욱 깊은 감정을 이야기할 수도 있다. 그러므로 교정하는 것은 상대방에 대한 새롭고도 더 깊은 이해와 감사를 하게 만든다.

로젠버그 박사는 교정할 때 조심해야 할 일은 잘못 피드백한 사람으로 하여금 지적받거나 야단맞는 기분을 갖지 않도록 주의하라고 조언한다. 예를 들어서 "내 말을 제대로 듣지 않았구나. 그런 뜻이 아니야. 이해를 잘못했어."라고 말하기보다 "내가 들은 것을 말해주어서 고마워. 내가 설명을 잘못한 모양이야. 다시 한 번 말해줄게."라고 부드럽게 이야기해주는 것이 좋다는 것이다.

스티븐 코비 박사는 "인간의 마음속에 있는 가장 깊은 갈망은 이해받고 싶은 욕구다. 이해한다는 것은 그 사람 내면의 가치를 인정하고, 확인하고, 인식하고, 높이 평가하는 것이기 때문이다. 진정으로 다른 사람의 말을 경청하는 것은 그 사람의 가장 중요한 욕구를 인정해주는 것이다."라고 했다. 내가 사랑하는 사람에게 "당신은 내게 소중한 사람이에요. 당신은 가치 있는 사람이에요. 그런 당신을 사랑합니다."라고 행동으로 말하는 게 바로 이해를 통해 공감하는 일이다.

이런 '이해와 공감'은 바로 상처받은 가족과 이웃을 치유해주는 좋은 선물임에 틀림없다. 이 선물을 받지 못해 배고프고 목말라하는 사람들에게 사랑의 선물을 안겨주고 싶지 않은가?

이해 기술 포인트

1. 이해하기 위해 깊은 관심을 보이는 자세로 듣자.

2. 이해하기 위해 경청하자.

3. 이해하기 위해 상대방의 입장에서 듣자.

4. 듣고 이해한 것을 피드백해주자.

5. 상대방의 교정을 너그러이 받아들이자.

이해하고 있음을 보여주는 10가지 방법

1. 당신의 배우자나 혹은 가족이 당신에게 말을 하고 있다면 하던 일을 멈추고 귀를 기울이세요.

2. 그들의 이야기를 들을 때는 사랑스럽게 바라보며 들으세요.

3. 그들의 입장이 되어 들으세요.

4. 그들을 이해하기 위해 애쓰고 있음을 보여주세요.

5. 그들이 화가 나 있다면 반대의견을 말하기보다 경청하고 이해하려는 마음을 보여주세요.

6. 그들이 행복해할 때는 함께 그 기분을 즐기세요.

7. 그들에게 도움이 필요할 때 도와주세요.

8. 그들이 피곤해보이면 함께 휴식을 취하세요.

9. 걱정을 하거나 슬퍼할 때 함께 해주세요.

10. 혼자만의 공간이 필요할 때 약간 물러서 있으세요.

마음을 움직이는 10가지 대화 기술

앞의 〈이해하고 있음을 보여주는 10가지 방법〉을 기회가 있을 때마다 실천하도록 노력해보세요. 당신이 그런 노력을 할 때 상대방이 어떻게 반응하는지 살펴보세요. 그들의 반응이 당신으로 하여금 어떤 생각을 갖게 하는지 어떤 기분을 느끼게 하는지 기록해보세요.

만약 아무런 반응이 없다면 상대방에게 어떻게 해주면 좋을지도 물어봐 주세요.

2

사랑을 담아 진실을 말하는
표현 기술

'말을 잘하는 것'보다 훨씬 더 중요한 것은 '잘 말하는 것'이다.

말이 남에게 거슬리게 나가면 역시 거슬린 말이 자기에게 돌아온다. 대학

'어' 다르고 '아' 다르다는 속담은 같은 내용이라도 말하기에 따라 듣기 좋게 또는 듣기 싫게 들린다는 뜻이다. 어떤 자세로 어떻게 표현하는지, 어떤 목소리와 어떤 어조로 말하는지, 어떤 표정으로 말하는지에 따라 달리 들린다는 것이다. 그럼 '아'와 '어'가 어떻게 다른 결과를 가져오는지 살펴보도록 하자.

당신의 배우자나 부모로부터 이런 비슷한 말을 들어본 적이 있는

마음을 움직이는 10가지 대화 기술

가? '당신은 이날 이때까지 평생, 약속 한 번 제대로 지키는 법이 없어. 알았다, 다음에는 잘 하겠다, 수도 없이 약속해 놓고, 지금까지 지키는 게 하나도 없다고.', '당신이 도대체 날 위해 해준 게 뭐가 있다고 툭하면 큰소리야?', '아니, 샤워하고 빨래 통에 빨래 넣는 게 뭐가 그렇게 힘들어서 바닥에 두고 그냥 나가는 거니? 엄마가 입이 달아질 정도로 이야기했는데.', '당신에게 부탁한 내가 잘못이지.'

만약 당신의 배우자나 부모, 가족들이 이 같은 말투로 당신에게 이야기할 때 어떤 기분이 들었는가? 이런 말로 인해 기분이 상할 때, 상대방의 부탁을 들어주고 싶은 마음이 생겼는가?

위와 같은 내용의 말이라도 빈정거리거나 비난하는 말투가 아닌 기분 좋은 말, 부드럽고 상냥한 말 그리고 정중한 자세로 부탁을 해온다면 어떻게 될까? 상대방이 원하는 부탁을 들어주고 싶은 생각이 들지 않을까? 만약 너무 힘든 부탁이라고 생각되면 왜 그 부탁이 들어주기 힘든지 이해가 가도록 그리고 기분이 상하지 않도록 설명을 잘 해준다면 어떻게 될까? 그럴 경우, 상대방 부탁을 들어주지 않아 약간은 섭섭한 마음이 들지라도 진심을 담아 이야기해주는 상대방에게 고마운 마음이 들지 않을까? 만약 이와 같은 대화가 두 사람 사이에 오간다면 서로간에 친밀함과 사랑이 더해지지 않을까?

문제가 없을 때면 그럭저럭 좋은 사이로 지내다가도 조금이라도 문제가 생기거나, 부탁할 일이 있어 대화를 시작하면 얼마 안 가서 서로 언짢은 기분이 들고, 굳이 따져 보면 언쟁을 벌일 일도 아닌데 목소리가 높아진다. 이런 일이 반복되다 보면, 싸우기 싫어서 불평거리가 생겨도, 부탁할 일이 생겨도, 해결해야 할 문제가 생겨도 대화할 엄두가 나지 않는다. 못마땅한 것들로 인해 불만이 쌓여가는데도 가슴에 묻어둔다. 싸우기가 싫어서 입을 다문다. 그리고 우리는 대화가 되지 않는다는 생각에 절망감이 든다. 저 사람은 나를 사랑하지 않는 거라고 생각하니 서운함이 커지고 이내 살아온 인생이 억울하기만 하다.

주변에 이런 생각을 갖고 억울하게 살아가는 부부가 너무나 많다. 대화 세미나를 진행하면서 그리고 상담을 하면서 만난 부부들의 공통점 중 하나가 바로 위의 경우처럼 원하는 바를 표현하기는 했는데 잘못된 방법으로 표현을 해서 이야기 도중, 상대방의 감정을 상하게 만들고 결과적으로 이야기를 꺼내지 않는 게 차라리 더 나을 뻔했다는 생각을 하게 된다는 것이다.

또 다른 경우는 불만이나 바람이 있어도 자신의 생각이나 감정을 표현하지 않고, 그저 상대방이 자신의 마음을 잘 알아서 해주기를 바라는 수동적인 자세를 갖는 사람들이 의외로 많이 있다. 그런데 시간이 지나도 상대방이 자신이 원하는 대로 해주지 않으면 자신에게 관심이 없거나 사랑하지 않는 거라고 단정하면서 마음의 벽을 쌓아간다. 그러다 어느 순간, 가슴 깊이 묻어두었던 불만과 불평들이 쏟아져 나오고 분노가 화산처럼 폭발하는 지점에 다다른다.

위의 두 가지 문제점, 즉 잘못된 방법으로 표현하는 것을 멈추고, 불평과 바람을 표현하지 않아도 상대방이 자신의 마음을 읽어주기를 바라는 잘못된 생각도 내려놓고, 바른 표현 기술을 사용하게 되면

마음을 움직이는 10가지 대화 기술

상대방이 마음을 열고 듣게 된다. 그러면 덩달아 기분이 좋아지고, 기분 좋아진 배우자가 나의 원하는 바를 들어주게 되니 일거양득이 아닌가?

표현 기술은 언제 필요한가

1. 상대방이 변화하길 바랄 때

2. 불평불만이 있을 때

3. 부탁하고 싶은 일이 있을 때

4. 어떤 문제로 극단적으로 부정적인 감정이 들 때

관계 전문가 게리 채프먼 박사는 이렇게 말한다.

"부부는 서로 많은 정보를 교환하고 일어난 사건을 보고하고, 그것에 대한 나름대로의 해석을 말로 표현하는 게 중요합니다. 그러면 추측과 오해로 인한 정신적인 에너지 손실과 낭비를 막을 수 있습니다. 이렇게 진실성이 넘쳐흐르는 가운데 행해지는 자기 발견과 자신을 드러내는 행위는 부부관계를 아주 친밀한 관계로 이끌어줍니다."

정리해보면 표현의 기술을 배워서 잘 사용하면 '첫째로, 상대방이 마음을 열고 대화에 임하게 되며, 둘째, 추측과 오해로 인한 정서적 에너지 손실을 막아주고, 셋째, 대화를 통해 자신이 원하는 바를 얻을 수 있게 되어, 넷째, 결과적으로 불평이나 불만 사항이 줄어들고 친밀감이 더해진다.'는 것이다.

부부상담 진행 중 자기의 생각과 감정, 원하는 것을 표현하도록 돕기 위해 배우자에게 바라는 소원목록을 작성한 다음 서로 이야기를 나누도록 하는 활동이 있다. 이 활동의 목적은 말하는 사람이 원하는 바를 이야기하면 들었던 사람이 들은 내용을 정리해서 상대방에게 피드백을 주는 대화를 연습하는 것이다.

상담 회기가 더해질수록 '원하는 소원 목록 나누기(wish list)' 연습을 통해, 부부는 조금씩 자기를 표현하는 데 익숙해지고, 서로가 상대방이 원하는 바를 들어주려는 노력을 하면서 서로를 향한 불만 사항이 줄어드는 것을 지켜보는 일은 상담가로서 참 기분 좋은 일이다.

자신의 생각과 원하는 바를 상대방의 기분을 나쁘게 하지 않고 표현하는 기술을 '자기주장 기술(Assertiveness skill)'이라고 한다. 이는 영어 단어를 문자로 직역한 것인데 '자기주장 기술'이란 말을 들으면 '어떤 방법으로든 상대방을 설득하여 자기의 생각과 의견을 관철하는 것'으로 오해한다. 그런 이유 때문에 나는 '자기주장 기술'이라는 단어 대신에 '자기표현 기술'이라는 단어를 즐겨 사용한다. 자, 그럼 이 표현 기술에 대해 구체적으로 한 가지씩 배워보도록 하자.

사랑 안에서 참된 말을 하라

대화에는 사실 지향적 대화가 있고 관계 지향적 대화가 있다. 사실 지향적 대화의 경우에는 사건이나 일에 대한 정보를 주고받을 때나 충고하거나 지적 사항이 있을 때 나누는 대화다. 이때는 자신의 입장이나 생각을 가능한 한 간결하고 정확하게 이야기하는 것이 좋다. 하지만, 정보를 전달하는 일이 목적이 되는 사실적 대화와는 달리 '관계 지향적 대화'는 친밀감과 신뢰감을 형성하게 해주는데, 이런 방식의 대화에서는 상대방의 입장에 서서 그를 이해하려는 노력을 하는 것이 중요하다. 때문에 '사실 지향적 대화'에 비해서 더 길어지는 경우가 많지만 사실대로 정확하게 말할 필요는 없다. 이 '관계 지향적 대화' 내용 중에는 칭찬이나 인정 그리고 격려하는 말이 많은 것이 좋다. 직장에서는 '사실 지향적 대화'가 70~80퍼센트를 차지하고 '관계 지향적 대화'의 내용이 20~30퍼센트일 때 원만한 인간관계를 갖게 되며, 호감 가는 사람으로 평가된다고 한다.

반면에 '관계 지향적 대화'는 친밀한 사이나 가족간에 더 많이 이루어지는 대화이기 때문에 '사실 지향적 대화'와는 달리 '참된 말', 즉 '진실된 말'을 하라는 것이다. 여기서 '진실(truth)'이라는 말은 '정직(honest)과 사랑이 담긴 공감(compassion)'이 함께 할 때를 전제한다. 정직해야 한다니까 사실이라고 해서 다 말을 해야 하는 것이 아니다. '사실(fact)'을 사실대로 말해서 문제가 커져서 마음에 상처를 받을 때가 많기 때문이다.

신약성경 에베소서 4장 15절엔 행복한 인간관계를 위해서 "오직 사랑 안에서 진실을 말하라."고 권면하고 있다. 여기서 '진실'이라는 말은 '정직과 사랑이 담긴 공감'이 함께 할 때를 전제한다. 정직해야 한다는 말을 '사실을 말하는 것'이라고 오해해서는 안 된다. 사랑과 공감이 결여된 채로 '사실'을 생각 없이 전하거나 사실대로 말을 하게 되면 문제가 커지거나 마음에 상처를 주고받을 수 있기 때문에 각별히 주의해야 한다. 내가 지금 사실을 말하고 있는가? 아니면 진실을 말하고 있는가? 스스로에게 질문하며 대화하도록 하자.

가령, 시어머니가 옆방에 계시는데 부부싸움이 벌어졌다고 하자. 아들과 며느리가 싸우는 소리를 듣던 시어머니가 아들을 불러서 자초지종을 물었다. '조금 다투었다'는 아들의 말에 화가 난 시어머니가 "못난 놈, 마누라 하나 제대로 잡지 못하고 쩔쩔매? 그리고 그 못된 것 같으니… 남편 알기를 우습게 여겨? 어디서 배워먹은 버릇이야? 그러니까 내가 뭐라고 했니? 결혼하기 전에 가정교육을 제대로 받았는지 집안 내력을 잘 알아보고 결정하라고 했지?"라며 화를 낸다.

풀이 죽어 들어온 남편에게 아내가 물었다.

"여보, 어머니가 도대체 뭐라고 하셨길래 죽을상이야?"

"응, 나보고 마누라 하나 제대로 못 다스리는 못난 자식이래. 그리고 당신은 가정교육을 제대로 못 받아서 남편을 우습게 여긴대. 사실은 결혼 전에 당신 가정에 대해서 잘 알아보고 신중하게 결정하라고 하셨는데 내가 그냥 성급하게 결혼한 게 문제라고 하셨어."

이제 무슨 일이 벌어질 것인지 상상이 가는가? 어떻게 부부싸움이 고부간 전쟁으로 바뀌는지 알겠는가?

"아니 뭐라고? 기가 막혀. 못 참겠네. 자기는 뭐. 아들 교육 제대로 시켰는 줄 아는 모양이지?"

"당신, 지금 우리 엄마한테 뭐라고 했어?"

　　　　　　　　　마음을 움직이는 10가지 대화 기술

이때는 사실을 사실대로 전하는 게 중요한 것이 아니다. 혹시 사실을 말하는 것 때문에 누군가의 감정을 상하게 하고 이로 인해 관계가 나빠진다면 사실을 이야기하지 않는 편이 훨씬 더 좋다. 사실에 초점을 맞추다 보면 싸움이 일어나거나 내 편과 네 편이 갈라지는 일이 생기기 쉽다. 그러므로, 진실을 말한다는 것은 말하는 사람의 밑바닥에 감추어진 진실한 감정과 생각, 염려를 알아차려 관계가 상하지 않도록 지혜롭게 말하는 것이다.

"어머니가 우리 둘이 싸우는 게 속상하시대. 사이좋게 행복하게 살기를 바라시는데 우리가 그렇게 못하니까 속상하신가 봐."라고 말하면 거짓말을 하는 것인가? 자, 이것이 어머니의 깊은 속마음이 아닐까? 그 마음을 알아내어 아내에게 전해준다면 아내의 마음은 어떨까?

"어머니 계신데 싸운 우리가 잘못했네요. 우리가 사이좋게 지내야 어머니 마음이 편하실 텐데, 어머니 속상하게 해드려 죄송해요. 다음부터는 어머니 계신 데서 싸우지 않도록 조심해야겠어요."라며 마음이 풀리지 않을까? 그런데 어머니가 홧김에 속상해서 한 말을 곧이곧대로 "결혼 잘못했대… 결혼 전에도 생각해보라고 하셨는데 내가 말을 안 듣고 결혼해서 허구한날 싸우며 산다고 하셨어."라고 말한다면 어떻게 될까? 이런 상황에서는 '사실'을 말하는 것이 중요하지 않다. 그런 의미에서 사실보다 더 중요한 것은 '진실', 즉 진심이 담긴 사랑의 말이다.

한창 사춘기를 지내고 있는 딸이 늦게까지 집에 안 들어오고 있을 때, 아버지가 화가 나서 "그 자식 집에 들어오기만 해봐라. 다리몽둥이를 부러뜨려서 밖에 못나가도록 해야겠다."고 말했다 치자. 만약 엄마가 딸에게 "아빠가 너 다리몽둥이를 부러뜨려 버린다고 했어."라고 말하는 게 잘한 것일까? 아니다. 그럼, 어떻게 이야기해야할까? "아빠가 너 늦게 다닌다고 걱정이 많으셔."라고 말하면 된다.

앞으로 사실을 이야기할 것인가 사랑이 담긴 '진실'을 이야기할 것인가 생각해보고 말하도록 하자. 그렇다고 이야기를 꾸며내라는 말이 아니고 선한 의도를 찾아보고 관계가 더욱 좋아지도록 하는 게 중요하다는 뜻이다.

대화하기 전에 먼저 생각하라

신약 성경 야고보서 1장 19절에선 '사람마다 듣기는 속히 하고 말하기는 더디 하라.'고 한다. '듣기는 속히 하고'란 의미는 '민감하게 듣는다.'라는 뜻인데, 이는 '가슴 밑바닥에 흐르는 감정까지 들을 수 있도록 집중해서 듣는 것'을 두고 하는 말이다. 그러면 '말하기는 더디 하라'의 의미는 무엇인가? 문자 그대로 말할 때에 단어 하나하나를 천천히 또박또박 발음하라는 것인가? 그렇지 않다. '생각 없이 말하지 말고, 말하기 전에 미리 생각해보고 말하라.'는 뜻이다. 당신은 지금까지 말하기 전에 충분히 생각해보고 말을 하는 편이었는가? 아니면 생각 없이 기분에 따라 말하고 나서 '그런 말은 하지 말았어야 했

마음을 움직이는 10가지 대화 기술

는데.' 하며 나중에 후회하는 일이 많은 편이었는가?

그럼, 말하기 전에 미리 생각해야 할 사항들이 무엇인지 알아보도록 하자. 여기서 미리 생각해보아야 할 내용들은 '무엇을, 언제, 어디서, 어떻게 말할까?'다.

> 1. 내가 이야기하고 싶은 내용이 무엇인가?
> 2. 서로 편하게 이야기하기에 좋은 시간은 언제일까?
> 3. 주의 집중하기에 좋은 장소는 어디일까?
> 4. 내가 하고 싶은 말을 어떻게 잘 전달되도록 표현할까?
> 5. 내 이야기를 듣는 상대방의 생각과 기분은 어떨까?

만약 남편이 바쁘게 일하느라 몰두해 있는데 남편의 시간과 상황을 고려하지 않은 채 다짜고짜 자기가 하고 싶은 말을 하는 것은 대화에 있어서 타이밍의 중요성을 모르는 사람이다. "여보, 당신과 나누고 싶은 이야기가 있는데 언제가 좋을까요?"라고 이야기하기 좋은 시간이 언제인지 상대방에게 먼저 물어보는 것이 좋다.

듣기 좋은 칭찬의 말이야 시간과 장소에 대해 크게 신경 쓰지 않아도 되겠지만 심각한 이야기일 경우, 즉 상대방의 잘못을 지적해주거나, 충고하고 싶은 일, 부탁하고 싶은 일들이 있다면 반드시 고려해야 할 사항이다. 만약 이런 이야기들을 하루가 시작되는 아침, 출근이나 등교 준비로 허둥거리고 있을 때 꺼내는 것은 금기 사항이다. 아침에 들었던 기분 나쁜 이야기 때문에 하루 종일 기분이 언짢았던 경험을 떠올려 보면 그 이유를 군이 설명할 필요가 없을 것이다.

이런 경우는 또 어떤가? 파김치가 되어 돌아온 배우자나 피곤해서 집에 돌아온 자녀에게 심각한 이야기를 꺼낸다면 어떤 기분이 들지 입장을 바꾸어놓고 생각해보자.

즐거운 식사시간에 심각한 이야기를 하는 것도 바람직한 시간이나 장소가 아니다. 기분 좋은 이야기를 나누며 맛있게 식사를 해야 할 시간에 꾸중이나 지적, 충고의 말은 밥맛을 싹 가시게 한다.

어렸을 적, 밥상머리 대화가 생각난다. 우리 형제들은 부모님과 함께 앉아서 밥 먹는 시간을 그리 좋아하지 않았다. 특별히 아버지와 밥상에 마주 앉아 있으면 그 시간은 영락없이 훈계와 지적을 받는 시간이었다. 그래서 긴장이 되었지만 '밥은 식구들이 같이 먹어야 한다.'는 우리 집의 규칙 때문에 식사 시간에 빠지는 일은 생각도 하지 못했다. 어떨 때는 밥 먹다 말고 혼이 나서 눈물 콧물을 줄줄 흘리며 넘어가지 않는 밥을 꾸역꾸역 쑤셔 넣기도 했다. 생각 같아서는 수저를 놓고 싶지만 그러면 더 혼나니까 그 자리를 떠나지 못하고 모래알 씹듯 밥을 먹었던 기억이 아직도 생생하다. 식구들 앞에서 창피하고, 자존심 상하고 그래서 화가 났다. 반항심이 스멀스멀 고개를 들고 올라왔었다. 이처럼 심각한 이야기나 훈계나 교정을 하고 싶은 내용이라면 식사 후 서로 마음 편하게 이야기를 나눠야 했을 것이다.

시간과 장소뿐 아니라 무슨 이야기를 하고 싶은지 대화 내용에 대해서도 미리 이야기를 해주면 더 좋다. 이야기할 내용에 대해 알려주지 않은 채, "할 이야기가 있어요."라는 말로 일축해 버리면 그때부

마음을 움직이는 10가지 대화 기술

터 궁금증과 함께 긴장이 시작된다. '도대체 무슨 이야기를 하려고 그러지? 내가 뭐 잘못한 게 있나?' 하루 종일, 이런저런 생각으로 하는 일에 집중하지 못하고 불안해할 수 있기 때문에 상대방을 배려한다면 "여보, 이런 일로 당신과 이야기하고 싶은데요.", "얘야, 아빠가 너랑 이 문제에 대해서 이야기를 하고 싶은데 저녁 식사 후에 이야기해도 괜찮을까? 아니면 언제 이야기하는 게 좋겠니?"라고 내용과 시간을 알려주는 것이다. 그것이 바로 '말하기는 더디 하고'의 뜻이다. 미리 생각하고 말하자는 것이다.

즐겁고 좋았던 기억으로 대화를 시작하라

'오는 말이 고와야 가는 말이 곱다'라는 속담이 있다. 어떤 사람들은 '가는 말이 고와야 오는 말이 곱다'고도 한다. 내 생각에는 전자가 더 맞는 말이지만 곰곰이 생각해보면 두 말의 의미는 같다. 누가 말하는 사람이고, 누가 듣는 사람의 입장인가에 따라, 오는 말이 되기도 하고, 가는 말이 되기도 하기 때문이다. 말의 순서야 어떻든 좋은 말로 시작하면 좋은 반응을 얻게 되고, 나쁜 말로 시작하면 나쁜 반응을 얻게 된다는 뜻이다.

대학간 딸에게 애교 섞인 목소리로 전화가 왔다. "엄마 잘 지내고 있어요? 엄마 보고 싶어요. 근데 엄마 있…잖…아요…."라며 평소보다 말꼬리를 길게 늘어뜨리면서 상냥하고 예쁘게 말할 때는 영락없이 부탁할 일이 있어 전화한 경우다. 돈이 필요하거나 급한 도움이 필요할 때다. 그런 경우를 한두 번 당한 게 아니라서 딸의 속셈이 훤히 들여다보이지만 딸의 애교에 마음이 녹은 나는 이미 딸의 말을 들어줄 준비가 되어 있다. 생각해보니, 기분 좋은 말로 시작해야 엄마 마음을 열 수 있다는 걸 딸은 꽤 오래 전부터 이미 터득하고 있었다.

표현 기술에서 이야기할 중심 내용은 대부분, '문제점이나 불평거리, 혹은 바람'에 관한 것이다. 자, 아래의 액자를 주목해보면서 문젯거리에 대해서 이야기하되, 어떻게 잘 이야기할 수 있는지 생각해보자.

대부분 문제를 다루게 되면 한쪽 혹은 양쪽 모두에게 민감한 사안일 경우가 많다. 설령 그리 심각하거나 예민한 문제가 아니라 하더라도 대화의 시작이 잘못되면 기분이 언짢아지고 대화가 꼬이기 시작한다. 불평과 불만, 혹은 지적이나 충고 등을 처음부터 다짜고짜 이야기하면 듣는 사람의 기분이 언짢아지고, 기분이 나빠진 상대방은 금방 마음에 벽을 쌓게 된다. 그런 이유 때문에 상대방이 마음의 문을 열고 듣도록 하려면 대화의 첫마디를 긍정적인 것으로 시작하는 것이 중요하다. 그런데도 우리들은 이런 훈련을 받지 않았기 때문에 좋았던 것이나 긍정적인 점을 먼저 이야기하고 문젯거리를 나중에 이야기하기가 무척이나 어렵다. 아마도 표현 기술에서 가장 어려운 원칙 두 가지가 있다면 첫 번째, '사랑 안에서 참된 말을 하는 것'이고 두 번째, '대화의 시작을 좋았던 것이나 긍정적인 면'으로 하는 것이다.

마음을 움직이는 10가지 대화 기술

우리가 배우는 표현 기술은 문젯거리에 대해 효과적으로 대화하려면 문제를 바라보는 시각을 예전과는 달리해야 한다고 조언한다. '문제'의 주위를 긍정적인 것들로 둘러싸는 것이다. 문젯거리만 보던 시각을 달리해서 그 문제를 멋진 액자에 넣고 바라보는 것이다.

사랑의 이유들

경험의 도표

	PROBLEMS 문제	
F	THOUGHTS 생각	
E	CONCERNS 관심 염려	DESIRES 바람
E		
L I N G S		감정

공통의 가치 꿈 그리고 목표들

배우자의 긍정적인 성격들

"문제"

긍정적인 감정들

여기서 멋진 액자인 긍정적인 면이란 서로가 '사랑하는 이유 그리고 배우자의 긍정적인 성격이나 긍정적인 감정들, 함께 갖고 있는 공통의 가치나 꿈과 원하는 목표들'을 말한다. 이와 같이 긍정적인 면에 관해 이야기한 다음에 문젯거리를 이야기하게 되면 대부분 상대방은 마음을 열고 듣게 된다. 잘못된 시작은 기대한 결과를 가져다주지 않는다.

　예를 들어, 아내가 남편의 문제점에 대해 이야기할 때, "당신은 그게 문제예요. 언제부터 이야기를 했는데 아직도 못 고쳐요?"라거나 "건강관리에 신경을 쓰지 않으니까, 살이 찌고, 콜레스테롤과 당 수치가 올라가는 거잖아요. 제발 운동 좀 하고, 다이어트에 신경 쓰시라구요."라는 식으로 말하지 말고, 남편을 향한 긍정적인 감정들이나 사랑하는 마음 등을 먼저 표현하라는 것이다. "내가 당신을 사랑하기 때문에 당신 건강이 걱정돼요."라고 대화의 문을 여는 것이다. 또는 배우자의 긍정적인 성격에 대해 칭찬한다. "부지런하고 책임감 있는 사람 하면 당연히 당신이지요. 그래서 내가 당신을 사랑하고 존경하는 거예요. 그런 당신이 혹시 아프면 어쩌나 하는 생각 때문에 당신 건강이 걱정돼서 운동하고 다이어트하기를 바라는 거예요."라는 식으로 문제를 이야기하기 전에 '사랑하는 이유나 공통의 가치 그리고 우리가 가진 꿈과 목표들, 상대방의 긍정적인 성격이나 장점들'을 먼저 이야기한다.

　물론 너무 속상할 때에는 상대방의 긍정적인 점들을 생각하기 힘들다. 하지만 우리가 애써 좋은점을 찾아보고, 그 느낌을 말로 표현하게 되면 어느새 긍정적인 느낌이 되살아나는 것을 경험하게 될 것이다. 이러한 긍정적인 느낌은 상대방으로 하여금 변화하고 싶은 생각이 들도록 만드는 신선한 자극제가 된다. 이처럼 긍정적인 느낌은 좋은 관계를 만드는 토대가 된다는 사실을 늘 기억해서 불만이 생길 때마다 그 '문제'를 '사랑과 긍정의 이유'라는 황금 액자에 끼워놓고 이야기하자.

어느 교회에서 열린 부부 세미나 중 배우자의 장점과 사랑스러운 이유들을 가능하면 많이 써오도록 하는 과제가 있었다. 그 다음 날 배우자의 칭찬을 써온 사람 중에서 가장 많이 써온 사람은 그 교회 사모였다. 자그마치 100가지를 적어왔다는 말에 모두들 듣기도 전에 질린 표정을 지으며 참석자들의 시선이 그녀에게 집중되었다. 그 칭찬 목록을 듣는 교우들은 한편으로는 부럽고, 한편으로는 질투가 나는지 장난스럽게 사모에게 물었다.

"아니, 그럼 목사님은 장점만 그렇게 많고 단점은 하나도 없단 말씀인가요?"

사모의 대답이 가히 감동적이었다.

"아니에요. 아마 단점을 꼽으라고 하면 101가지가 훨씬 넘을지도 몰라요. 하지만 저는 단점을 세는 대신에 장점을 세면서 살기로 결심했습니다."

"우와, 우리 사모님 정말 멋있다."

"와, 우리 목사님 정말 행복하시겠다."

여기저기서 감탄사가 터져 나왔다. 그렇다. 행복의 비밀이 거기에 있다. 자족의 비밀이 거기에 있다. 없는 것 때문에 불평하는 것이 아니라 있는 것으로 만족하는 것 그리고 감사하는 것이다.

이처럼 평소에 칭찬거리를 많이 찾아두면, 문제나 불평이 생겼을 때, 제대로 대화를 시작할 수 있는 준비를 해둔 것이 된다. 우리가 좋은 것을 기억할 때, 더 큰 의미에 초점을 맞추게 되어 염려나 불평을 내려놓을 수 있다. 그렇게 되면, 두 사람은 모두 문제에 관해 정직하고 애정 어린 태도로 대화할 수 있게 된다.

일반적인 관점이나 올바른 관점이 아닌 자신의 관점을 말하라

대부분의 사람들은 자신이 옳다는 것을 강조하기 위해 혹은 자신의 생각이나 말의 정당함을 증명하기 위해서 일반적인 관점이나 올바른 관점에서 이야기하기를 좋아한다. 하지만 이렇게 말하는 것은 상대방으로 하여금 마음의 문을 닫고 입을 닫게 만드는 대화다.

다음과 같이 일반적인 관점에서 말할 경우 문제점이 무엇인가? "대부분의 여자들은 그런 옷차림을 하지 않지.", "우리 동네 사람들 대부분이 당신을 싫어하는 걸 아세요?", "아빠, 내 친구들은 다 스마트폰을 가지고 있는데 나만 없다구요." 이런 식으로 모두가 다 그런 것처럼 일반화해서 이야기하지 말고 나의 관점을 이야기하자는 것이다.

한번 비교해보자. "당신뿐 아니고 처갓집 식구들은 장모님부터 시작해서 하나같이 다 불평불만이 많아."라는 표현과 "내가 생각할 때, 당신은 불평을 많이 하는 편이야."

당신이라면 어떤 말을 듣는 것이 더 낫겠는가? 당연히 두 번째라고 할 것이다. 나뿐 아니고 우리 친정 식구 모두를 비난하는 말이 되기 때문에 화가 날 수밖에 없다. 그런데, 그것이 내 생각이라고 말하면 나 한 사람이 공격하는 것이기 때문에 화날 이유가 그만큼 적어진다.

올바른 관점에서 말할 경우 생기는 문제점도 그와 비슷하다. "제대로 된 아빠라면 그런 행동은 안 하죠." 이게 무슨 말인가? '당신은 제대로 된 아빠가 아니다.'라는 뜻이 된다. "당신이 현명한 아내라면 그런 결정은 안 하지." 무슨 말인가? '당신은 현명한 아내가 아니기 때문에 그런 결정을 했다.'는 말이다. "참된 신앙인이라면 그런 삶을 살지는 않을 거야." 무슨 말인가? '참된 신앙인이 아니다.'는 뜻이다. 이런 표현은 "나는 옳고 당신은 틀렸어요."라는 식으로 말하는 것인데, 아무도 자신이 틀렸거나 나쁘다거나 비정상적이란 말을 듣고 싶어 하지 않을 것이다. 우리가 만약 옳고 그름에 대해 이야기하게 된다면 누군가는 논쟁에서 지는 사람이 생기고 그럴 경우 그 사람은 기분이 상하게 된다. 그렇게 되면 당신이 부탁하기 위해 대화를 시작했던 주제는 온데간데없고 자존심 싸움으로 바뀐다. 그러므로 올바른 관점이 아닌 '당신 자신의 관점'에서만 이야기하라.

이처럼 올바른 관점이나 일반적인 관점에서 이야기하면 상대방을 공격해서 '아이고 아파!'라고 소리 지르게 만든다. 공격받는 사람은 화가 나서 방어하고, 방어하면 상대방은 다시 공격을 하는 악순환을 되풀이하면서 관계를 악화시키기 때문에 반드시 피해야 할 표현이다. 그러므로 '내가 보기에는', ' 내 생각에는', '내가 듣기로는', '내 느낌으로는' 등의 표현을 써가며 나의 관점을 이야기하도록 노력해야 한다. 나의 관점을 이야기하면서도, 판단이나 비난 혹은 충고가 아닌 존중하는 단어를 선택하는 것도 기억해야 할 사항이다.

자신에게 중요한 점과 자신의 감정에 대해서 이야기하라

위의 표현 원칙들을 염두에 두고 '대화의 로드맵'에 따라 '문제'에 대해 전반적으로 이야기한다. 왜 이 문제가 자신에게 중요한지, 왜 이 문제 때문에 걱정하고 있는지 그리고 걱정이 해결되기 위해서 바람이 무엇인지를 잘 설명해야 하는 것이다. 뿐만 아니라 문제로 생긴 부정적인 감정도 진솔하게 나누는 것이 중요하다. 왜냐하면 이런 구체적인 이야기를 해야 듣는 사람이 문제를 해결해주고 싶은 마음이 들 것이고 걱정거리를 덜어주고 싶은 마음도 생겨나기 때문이다. 그런데 이런 과정들을 모두 무시하고 '문제가 있으니까 문제를 해결하자'는 식으로 다짜고짜 본론만 이야기한다면 상대방의 동의나 협력을 얻어내기 어렵다. 그러므로 불만이나 불평, 혹은 상대방의 변화를 부탁할 때, 이 부분의 중요성을 간과하지 말고 경험 모델에 따라 밑바닥에 있는 감정까지 모두 표현하도록 하자.

원하는 바를 구체적으로 부탁하라

문제에 대해 전반적으로 설명한 다음에 '바람'이 무엇인지 설명해준다.

"여보, 다이어트 플랜에 대해 의사한테 들었어요. 당신, 힘들고 어려워도 다음 정기 검진 때는 그런 이야기 듣지 않도록 노력해봐요.

마음을 움직이는 10가지 대화 기술

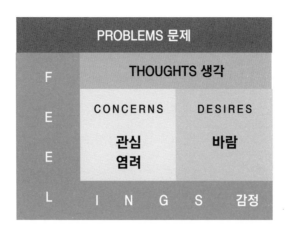

PROBLEMS 문제
THOUGHTS 생각
CONCERNS 관심 염려
DESIRES 바람
FEELINGS 감정

나는 식단에 신경 쓸 테니까 당신은 운동해서, 당 수치가 떨어졌다는 결과를 들었으면 정말 좋겠어요."라는 식으로 배우자가 해주길 바라는 것을 이야기하되, 그런 변화가 생겼을 때 당신의 기분이 어떤지도 이야기해주는 게 좋다. 긍정적인 기분을 이야기해주면 사랑하는 사람이 그런 기분을 느낄 수 있도록 그의 부탁을 들어주고 싶은 마음이 생기기 때문이다.

"만약 다음 검진때 수치가 정상으로 떨어졌다고 하면 정말 저는 기분이 좋을 거구요. 아내로서 당신을 돕는 기쁨과 보람을 느낄 거예요. 또 건강에 대해 염려할 필요가 없어서 스트레스도 없어질 거구요."라고 자신의 감정을 표현해서 상대방에게 그 일을 하고자 하는 마음을 갖도록 동기부여를 해주라는 것이다. 만약에 부탁을 들은 배우자가 당신이 원하는 것을 들어주지 않는다 하더라도 당신이 원하는 것이 무엇인지를 알려주었기 때문에 대화를 계속해가면서 두 사람 모두 만족할 만한 합의점에 이르기가 쉬울 것이다.

부탁할 때, 가능하면 긍정문으로 부탁하는 것이 효과적이다. 우리는 '하지 말라'는 말을 들으면 왠지 저항감이 생긴다. 저항감이 솟아오르면 하지 말아야 하는 것을 알면서도 하고 싶은 묘한 심리가 발동한다. 그 때문에 '늦게 일어나지 마세요.'라는 부정적인 부탁보다는 '일찍 일어나면 좋겠어요.'라는 긍정문을 사용하고, 아이들에게도 '뛰지 말라.'는 말보다는 '천천히 걸어라.'라고 긍정문으로 부탁하는 것이 좋다.

마지막으로, 부탁할 때 기억할 사항은 구체적으로 부탁하라는 것이다. 우리는 흔히 애매모호하거나 추상적인 부탁을 할 때가 많다.

"운동을 더 많이 하면 좋겠어요.", "다이어트에 더 신경을 쓰면 좋겠어요.", "더 많이 대화했으면 좋겠어요."라는 식이다. 그런데 '더 많이'라는 말이 얼마만큼을 뜻하는 것인지 정확하지가 않다. 사람마다 이해하는 바가 다르기 때문이다. 어떤 사람은 '더 많이'란 옛날보다 많이 하는 것이라고 생각하고, 어떤 사람은 '적어도 한 시간 이상을 하는 것'이라고 이해한다. 그렇기 때문에 '일주일에 4일간, 한 번에 30분 이상 운동하기'라고 구체적으로 말하면 당신이 원하는 걸 들어주기가 한결 수월해진다. 구체적이면 구체적일수록 그만큼 실천 가능성이 커지기 때문이다. 그렇게 부탁할 때 배우자는 "음, 그 정도라면 무리한 부탁은 아니에요. 그렇게 하도록 하지요."라고 반응할 것이다.

마음을 움직이는 10가지 대화 기술

화를 자극하는 표현을 피하라

화나게 하는 말들, 싸우게 만드는 단어들을 사용하지 말라는 것이다. '항상, 늘, 결코, 한 번도' 등이 화나는 말들이다. 항상 일어나거나 결코 일어나지 않는 일은 거의 없다. "당신은 항상 늦어요.", "나한테 한 번도 미안하다고 한 적이 없어.", "너는 왜 늘 그 모양이야?" 이런 말을 들으면 어떤 기분이 드는가? 그렇게 말하는 사람들에게 뭐라고 말하고 싶은가? "아니 내가 뭘 항상 늦는다고 그래? 그렇게 말하는 당신은 어떤데? 당신은 늦은 적 없어?"라고 말하고 싶지 않은가? "아니, 이 사람 정말 사람 잡네. 내가 한 번도 미안하다고 말한 적이 없다구? 지난주에도 내가 미안하다고 말했는데."라고 되받아치고 싶지 않은가? 이렇게 받아치고 싶은 말이 바로 화나게 하는 말들이다.

상대방에게 상처를 주는 인격모독이나 인신공격의 말도 '화나게 하는 말'이다. '바보 멍청이'라고 부르거나 '게으름뱅이'라고 말하면 어떻게 되겠는가? '구제불능'이라고 말하면 어떤가? '자기만 아는 이기주의자'라고 하면 어떤 기분이 들겠는가?

또한 상대방을 기분 나쁘게 하는 부정적인 별명도 '화나게 하는 말'에 속한다. 별명은 기분만 상하게 하는 것이 아니라, 자긍심까지 망가뜨리기 때문이다. 뚱뚱한 아이한테 '뚱보'라고 하면 어떻게 될까? 이 말을 자주 듣다 보면 아예 자신을 그런 사람이라 생각하게 되고, 그 생각이 그 사람을 정말 그런 사람으로 만들어버린다는 사실을 생각하면 결코 해서는 안 될 말들이다.

자, 지금까지 배운 7가지 표현 기술을 지속적으로 실천한다면, 당신의 대화에 혁신적인 변화가 생길 것이다. 당신에게 일어난 변화를 보고, 당신 주위 사람들이 깜짝 놀랄 것이다. 그게 다가 아니다. 당신이 원하는 부탁을 상대방이 들어줄 것이며, 이로 인해 불평과 불만이 줄어들며, 상호 만족스러운 대화가 가능해지고, 결과적으로 전보다 더 좋은 관계로 발돋움할 수 있을 것이다. 자, 표현 기술 실천을 위해, 출발! 새로운 관계 변화를 위해, 출발!

　　　　　　　　　　마음을 움직이는 10가지 대화 기술

표현 기술 포인트

1. 사랑 안에서 참된 말을 하라.

2. 대화하기 전에 먼저 생각하라.

3. 즐겁고 좋았던 기억으로 대화를 시작하라.

4. 일반적인 관점이나 올바른 관점이 아닌 자신의 관점을 말하라.

5. 문제에 관련하여 자신에게 중요한 모든 점과 감정에 대해서 이야기하라.

6. 당신이 원하는 바를 구체적으로 부탁하라.

7. 화를 자극하는 표현을 피하라.

관계 향상시키기

1. 배우자나 자녀, 혹은 가족들의 좋은 점, 사랑스러운 점을 가능한 한 많이 적어보세요. 그리고 평소에 감사를 표현해보세요.

2. 사용하는 말 중 상대방의 화를 자극하는 말이 무엇인지 생각해보세요. 그리고 상대방이 사용하는 '화를 자극하는 말'은 무엇인지 생각해보고 서로 이야기한 후, 그런 말을 사용하지 않도록 약속하세요.

3. 부탁할 일이 있을 때, 불평이나 문제가 있을 때 위에 적은 긍정적인 면, 좋은 점들을 먼저 이야기하고, 나중에 불평하거나 부탁하세요.

4. 문제나 부탁이 있을 때 "무슨 말을 할지 미리 계획하기(부록 1)"를 작성 한 후에 위의 7가지 표현 기술에 맞게 대화를 이끌어보세요.

5. 표현 기술을 사용했을 때, 상대방이 어떻게 반응하는지 살펴보세요.

6. 이 기술을 사용할 때 두 사람 사이에 어떤 변화가 생기는지 관찰해보세요.

3

부드럽게 말하고 너그럽게 듣는 토의 기술

부드럽게 말하고, 너그럽게 들으라. 달라이 라마

사연을 듣기 전에 대답하는 자는 미련하여 욕을 당하느니라. 잠언 18:3

얼마 전 우리 집을 방문한 부부와 아침식사를 하던 자리에서 이런 저런 이야기를 나누던 중, "우리 부부도 다른 부부와 다를 바 없이 너무도 오랜 세월, 피 터지는 싸움을 하고 살았지요. 지금까지 헤어지지 않고 살아온 것이 기적이에요. 돌아보면 그렇게까지 싸울 필요가 없었는데 서로 지지 않으려고 자기주장을 앞세웠고, 대화 중에 제대로 말하고 제대로 듣지 못해서 그렇게 심하게 다툰 것 같아요. 만약에 우리 부부가 달라이 라마의 조언처럼 '부드럽게 말하고 너그럽게 듣는' 식으로 대화를 했더라면 그렇게 싸우지 않았을 텐데, 그걸 알지 못해서 불필요한 싸움을 반복하면서 우리 사이가 더 나빠졌던 것 같아요."

"지금 뭐라고 말씀하셨어요? 굉장히 중요한 말씀을 하신 것 같은데 다시 한 번만 말씀해주세요. 제가 요즘 대화에 관한 글을 쓰고 있는데, 그 말씀이 너무 좋아 인용해야 할 것 같아서요."

"많이 늦은 감이 있지만 달라이 라마가 가르쳐준 '부드럽게 말하고 너그럽게 들으라'는 교훈의 말씀을 우리 집 가훈으로 삼고 싶어요. 만약 그의 가르침대로 지난 30년 동안 말할 때 부드럽게 말을 하고, 들을 때 너그럽게 들었더라면 싸우는 일이 별로 없었을 거라는 생각이 들어요. 60이 넘어 이런 깨달음을 갖게 되다니 참 아쉽네요."

하루 종일 그분의 말씀이 내 머릿속을 맴돌았다. '말할 때는 부드럽게, 들을 때는 너그럽게' 이것이 바로 '토의 기술'의 핵심 요소이기 때문이다.

토의 기술을 배우는 마당에 '토의(討議, discussion)'와 '토론(討論, debate)'에 대한 차이점부터 정확히 이해하는 것이 좋겠다. 그 둘은 공통점도 있지만 방법과 목적에 있어서 엄연히 다르기 때문이다. 네이버 국어사전은 토의를 '어떤 문제에 대하여 검토하고 협의하는 것으로, 바람직한 해결방안을 모색하기 위해 대화를 나누는 과정'이라고 정의한다. 반면에 토론은 '어떤 문제에 대하여 여러 사람이 각각 의견을 말하며 논의하는 것'이라고 설명하고 있다. 토론은 자신과 다른 주장을 가진 상대를 논리와 언변으로 설득하는 것으로 내가 옳다는 신념에서 출발하지만 토의는 내가 틀릴 수 있다는 가정을 깔고 시작한다. 그러므로 '토의'를 '토론'으로 오해하여 자기주장을 끝까지 관철하겠다는 생각을 버리고 두 사람 모두 만족할 만한 '승승'에 도달하는 것이 토의의 목적임을 기억하면서 토의 기술에 대해 구체적으로 배워보도록 하자.

자, 그럼 전문가가 이야기하는 '토의 기술'이 무엇인지 조금 더 명확히 이해하기 위해 게리 채프만 박사의 말을 들어보자.

"의사소통은 자기표현과 경청이라는 구조로 이루어진다. 어느 한편에서 생각과 감정 그리고 경험을 이야기하면 나머지 한쪽은 상대방의 생각과 감정을 파악하려는 의도를 가지고 귀 기울여 듣는다. 그런 다음에는 말하는 사람과 듣는 사람의 역할을 바꾼다. 즉, 표현하는 사람과 이해하는 사람이 자신에게 주어진 임무를 수행한 다음, 두 사람이 다 만족할 만한 결론에 도달할 때까지 서로의 역할을 번갈아가며 대화를 지속해 가는 기술을 말한다."

게리 채프만 박사가 '의사소통이 자기표현과 경청'이란 구조로 이루어졌다고 하는 말은 '말하는 사람은 자기표현을 제대로 잘 하고, 듣는 사람은 경청을 통한 이해를 하면서 이야기를 주고받는다.'는 뜻이다. 이것이 의사소통의 중요한 과정이기 때문에 한 사람이 대화를 주도하지 않고, 말한 다음에는 반드시 차례를 기다렸다가 듣기와 말하기를 번갈아가며 하는 것이다. 그럼 언제까지 이 과정을 계속할까? 두 사람 모두가 하고 싶은 말을 충분히 다하고, 서로가 충분히 이

마음을 움직이는 10가지 대화 기술

해했다는 사실을 확인할 뿐 아니라 상호 만족할 만한 결과에 도달할 때까지 대화를 계속하는 것이다. 다음의 도표처럼 토의 기술이란 이해 기술이라는 블록과 표현 기술이라는 블록을 기초로 하여 그 위에 블록 하나를 쌓는 것이다.

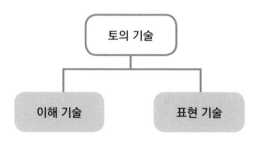

구약 성경 잠언 18장 13절에는 "사연을 듣기 전에 대답하는 자는 미련하여 욕을 당하느니라."는 말씀으로 토의 기술의 원칙을 제시해주고 있다. 상대방의 이야기를 끝까지 듣지 않고, 중간에 끼어드는 사람은 미련하다는 것이다. 그러니까 상대방의 이야기를 끝까지 듣고 이해한 다음에 자기가 하고 싶은 말을 하는 것이 현명한 사람의 처사다. 우리가 흔히 하는 말 중에 '한국말은 끝까지 들어봐야 안다.'는 말이 바로 이런 경우를 두고 하는 말인데, 비단 한국말만 그런 게 아니다. 영어 표현도 마찬가지다. 무엇이든 제대로 알고 이해하기 원한다면 끝까지 경청해야 한다. 그런데 우리는 어떠한가? 상대방이 하는 말이 아직 끝나지 않았는데도 마치 상대방의 의중을 모두 파악한 것처럼 착각을 해서 경청하기를 그만두고 충고할 말이나 해결책을 찾아주려고 바쁘게 머리를 굴린다. 잠언 18장 13절은 그런 우리에게 '끝까지 주의 깊게 듣는 일 먼저 하고, 하고 싶은 말은 그 다음에 하는 것이 지혜로운 일'이라는 사실을 깨우쳐주고 있다.

토의 기술은 언제 필요한가?

1. 의사 결정이 필요할 때

2. 해결해야 할 문제가 생겼을 때

3. 서로 의견 차이가 있을 때

4. 부탁이나 도움이 필요할 때

둘째, 토의 기술을 효과적으로 배우기 위해 사용되는 중요한 도구가 있는데 그것은 바로 '표현 막대기'다. 이 '표현 막대기'의 기원은 미국 원주민인 인디언들의 회의 풍습에서 비롯되었다. 부족의 리더인 추장이 효과적으로 회의를 진행하기 위해 고안된 도구다. 막대기의 재료로 쓰인 나무에 따라, 장식을 위해 사용된 재료나 색깔에 따라, 혹은 어떤 새의 깃털을 사용했는가에 따라 의미하는 바가 약간씩 달라지지만 변하지 않는 원칙은 '막대기를 가진 사람만 말할 수 있다.'는 것이다. 또한 '말하는 사람은 반드시 사랑이 담긴 마음으로 진실을 말해야 하고, 한 사람이 막대기를 너무 오래 갖고 있어서는 안 되며, 상대방이 자신의 의견을 잘 듣고 충분히 이해했다고 생각되면, 다른 사람에게 말할 기회를 주어야 한다.'는 것이다.

지금까지 중간에 끼어들어 상대방의 말을 가로채는 잘못된 대화

마음을 움직이는 10가지 대화 기술

습관을 바꾸는 데 '표현 막대기'의 사용은 그야말로 효과 만점이다. 이 표현 막대기를 사용하다 보면 자기 말할 차례를 기다리는 것이 얼마나 어려운지를 금방 알게 된다. 그래서 다소 생소하기는 하지만 이 '표현 막대기'를 사용하면서 차례 기다리는 연습을 하는 것이 필요하다. 이렇게 표현 막대기를 사용하면서 토의하다 보면 그동안 굳어진 대화 습관 때문에 중간에 끼어들었다가도 금방 '아, 이게 아니지.'라는 생각이 들고, 때때로 끼어들려 하다가도 '아니야, 지금은 내가 말할 차례가 아니니까 끝까지 듣고 이해한 다음에 말해야지.'라는 사실을 알려주는 좋은 도구이기 때문이다.

처음 토의 기술을 연습할 때는 '예쁜 표현 막대기'를 만들어 일정한 장소에 두고 사용할 것을 권한다. 패밀리 터치에서 진행하는 대화 기술 학교에서는 하트 모양이나 꽃 모양, 혹은 별 모양에 손잡이가 달린 목 공예품으로, 장식용 스티커와 리본을 사용하여 참석자들이 원하는 대로 '표현 막대기'를 만드는 시간을 갖는다. 부부가 참석한 경우라면 부부가 함께 나름대로 의미를 붙여가며 예쁜 표현 막대기를 만들어 토의 기술을 연습할 때 사용한다.

하지만 표현 막대기를 여기저기 항상 가지고 다닐 수 있는 것이 아니기 때문에 토의할 일이 갑자기 생기면 어떤 것이든 차례를 기다리는 데 도움이 되는 '상기 도구'를 가지고 토의하면 된다. 눈에 보이는 물건 가운데 위협적이 아닌 물건이면 모두 팬찮다. 옆에 볼펜이 있으면 그걸로 표현 막대기를 삼고, 수저가 가까이에 있으면 수저를 사용하고, 곰돌이 인형이 눈에 보이면 곰돌이 인형으로, 쿠션이 옆에 있으면 쿠션을 사용하면 된다.

▶ 표현 막대기

이처럼 표현 막대기를 사용하면서 토의하기를 배운 배우자나 가족들은 표현 막대기 사용이 차례를 지키는 일에 큰 도움이 된다는 사실을 알고 있지만, 기술을 전혀 배우지 않은 사람과 토의할 때는 어떻게 할까? 토의 기술을 먼저 배운 사람이 차례를 지켜가며 대화를 하게 되면 토의 기술을 배우지 않은 사람일지라도 대화 도중 끼어들지 않고 끝까지 경청하며 이해하려는 당신을 보면서 자신이 존중받고 있다는 사실을 느끼게 될 것이다. 이런 경우에는 표현 막대기 사용이 불가능하기 때문에 탁구 게임하는 장면을 상상하며 토의를 하게 되면 차례를 지키는 데 큰 도움이 된다. 탁구 게임의 중요한 규칙이 하나 있다면 공이 나의 테이블에 넘어올 때에만 공을 받아칠 수가 있다는 것이다. 머릿속으로 '핑'하면 당신 차례, '퐁'하면 내 차례 그리고 핑퐁핑퐁하면서 순서를 바꾸는 것, 이것이 토의 기술에서 잊어서는 안 될 가장 중요한 원칙이다.

그럼 토의 기술이 가져다주는 유익이 무엇인지 살펴보도록 하자. 토의 기술을 잘 사용하게 되면 처음엔 서로 다른 입장에서 서로 다

마음을 움직이는 10가지 대화 기술

른 의견을 가지고 대화를 시작하지만, 대화해가는 도중, 서로의 입장을 이해하게 되니까 더 이상 자신의 의견만을 고집해야 할 필요가 없어진다. 그래서 양 극단에 서 있는 두 사람이 토의하는 과정을 통해, 상대방의 생각과 염려, 감정과 바람을 이해하려고 노력하면서 서로를 향해 한 발짝 한 발짝 다가가다 보면 서로를 향한 배려의 마음이 생긴다. 그 배려의 마음은 사랑이라는 감정을 불러일으킨다. 그래서 '사랑하는 사람이 원하는 것이니 들어주자.'는 마음이 든다. 결과적으로, 상호 만족할 만한 결론과 결정 그리고 문제 해결점에 도달하는 것이다. 더욱이, 이 같은 토의 과정을 거치면서 두 사람이 전보다 더 친밀한 사이로 발전해가는 것을 경험하게 된다. 자. 그럼 지금부터 '토의 기술'을 단계적으로 배워보도록 하자.

토의할 시간과 장소를 정하라

표현 기술을 배우면서 효과적인 대화를 위해 장소와 시간이 얼마나 중요한지 이야기했다. 중요한 사안으로 대화할 때는 더더욱 그렇다. 소음과 주의를 산만하게 하는 장소가 아닌지 확인해보라. 또한 대화에서 주의집중을 방해하는 텔레비전이나 컴퓨터도 끄고, 전화기도 잠시 끄는 것이 좋겠다. 급하다고 상대방의 상황이 어떠한지 살펴보지도 않고 다짜고짜 이야기를 시작하면 내가 원하는 결과를 얻을 수 없다는 사실도 표현 기술에서 이미 배웠다. 그렇기 때문에 상대방을 존중하고 배려하는 마음으로 상대방에게 대화하기에 좋은 시간이 언제인지 물어보고 토의를 준비한다.

"여보, 오늘 저녁 식사 마치고 아이들 재운 후에 거실에서 당신과 차 마시면서 이사 가는 문제로 이야기하고 싶은데 당신 괜찮겠어요?"

이와 같이 대화의 시간과 장소를 정하고 어떤 이야기를 할 것인지 미리 알려주면 상대방도 대화 전에 이 일에 대해 생각할 수 있어서 보다 효과적인 대화가 가능해진다. 무슨 말을 어떻게 할지, 미리 준비를 하고 대화 테이블에 앉으면 전과는 달라진 대화를 주고받을 수 있다는 사실에 놀라게 될 것이다.

한쪽이 먼저 자신의 생각이나 감정, 염려나 바람을 나눠라

대부분 대화하자고 제안한 사람이 먼저 토의하고 싶은 문제에 대해서 표현 막대기를 들고 대화를 시작한다. 먼저, 상대방을 향한 긍정적인 감정이나 좋은 점들에 대해 이야기한다. 머릿속에 있는 문제를 멋진 액자에 넣은 다음 이 문제가 왜 자신에게 중요한지를 설명해준다. 또한 문제에 대한 자신의 생각과 염려나 바람 그리고 감정에 관해 이야기한다.

문제에 관련된 자신의 생각은 비교적 쉽게 나눌 수 있지만 염려나 걱정거리를 나누기는 쉽지가 않다. 부부나 부모와 자식간처럼 친밀

마음을 움직이는 10가지 대화 기술

한 사이라 하더라도 염려나 걱정거리를 나누는 것은 여전히 어려운 일이다. 왜 그럴까? '염려나 걱정거리를 이야기하면 사랑하는 사람을 더 걱정하게 만들 것이다.'라는 두려움 때문이다. 상대방을 걱정시키지 않으려고 배려해서 속에만 담아두고 혼자서 끙끙 앓는다. 그러고는 '나 혼자 걱정하는 것으로도 충분하다.'고 생각한다.

염려와 걱정을 나누는 일에 있어서 굳이 남녀차이를 따지자면 여자들에 비해 남자들이 염려나 걱정거리 나누기를 더 어려워한다. 염려를 나누는 것이 무능한 자신의 모습을 보이는 것 같기도 하고, 염려나 걱정거리를 나눈다 해도 해결될 일이 아니라는 생각이 들어서 아예 이야기조차 하지 않으려고 한다. 또한 상대방을 걱정하게 만드는 것이 싫어서이기도 하다. 이런 이유들 때문에 염려와 걱정거리를 나누기도 힘들어하지만 상대방으로부터 염려와 걱정거리를 듣는 것도 좋아하지 않는다. 자신이 해결해줄 수 없을 것이라 여겨지면 더더욱 그렇다.

하지만 여자들은 좀 다르다. 자신이 걱정하고 있는 바를 상대방이 이해하는 마음으로 경청해주고 공감해주는 것만으로도 속이 시원해질 때가 많다. 문제가 해결되지 않는다 하더라도 자신의 처지를 이해해주면 가슴속 답답함이 풀어지면서 어깨를 짓누르는 걱정거리를 내려놓는다. '지금은 방법이 없으니까 상황이 좋아질 때까지 힘들지만 좀 더 참아야지.', '상대방을 변화시킬 수 없다면 차라리 내가 있는 그대로 받아들이는 편이 낫지.', '열심히 기도해야지.'라는 결심을 하면서 자신이 어떻게 해야 할지에 대한 방법을 모색하게 된다.

이것이 바로 아내들이 원하는 걱정과 염려거리 나눔이다. 그뿐만 아니라 배우자의 걱정거리도 듣고 싶어 한다. 설령 걱정하게 되더라도, 혹은 해결해줄 수 없는 문제라 하더라도 남편이 자신의 염려와 걱정거리를 이야기해주기를 바란다. 남편의 이야기를 들으면서 대부분의 여자들은 문젯거리를 털어놓는 남편이 고맙게 여겨진다. 그의 속사정을 알게 되어 흉허물 가릴 것 없는 친밀한 사이라는 생각에 일체감을 갖는다. 이것이 바로 여자가 원하는 친밀한 대화다.

걱정과 염려거리를 나눔과 더불어 이 문제에 관련해서 자신이 바라는 것이 무엇인지를 구체적으로 이야기해주는 것은 문제 해결을 위해 빼놓을 수 없는 중요한 요소다. 또한 그 바람이 이루어졌을 때 자신이 어떤 기분이 들 것인가를 이야기해주면 상대방의 협력을 이끌어낼 가능성의 문이 훨씬 넓게 열린다. 상대방이 무엇을 바라는지 알게 되면 듣는 사람은 그의 바람이 이루어지도록 돕고 싶다는 생각을 한다. '사랑하는 사람이 원하는 거니까 힘들어도 그 일을 도와주어야지.', '사랑하는 부모님이 걱정하고 있으니까 걱정하지 않도록 그 일을 더 이상 하지 말아야지.'라는 마음을 갖고 문제 해결을 하는 쪽으로 협력하게 된다.

이때 말하는 사람이 기억해야 할 주의 사항은 혼자서 너무 길게 이야기하지 말라는 것이다. 이렇게 되면 듣는 사람이 경청하기 어려워지기 때문이다. 그런 이유 때문에 중간 중간 끊어서 이야기할 필요가 있다. 예를 들어 문제를 이야기한 다음 상대방에게 피드백할 시간을 주는 것이다. 그 다음은 걱정을 이야기한 다음에 피드백을 받으면서

마음을 움직이는 10가지 대화 기술

상대방의 이야기를 들을 시간을 갖는다. 그리고는 바람을 이야기한 후 피드백 주고받기, 그 다음은 감정 나누고 피드백 주고받기 식으로 이야기해야 두 사람이 중요한 포인트를 놓치지 않고 효과적으로 말하고 들을 수 있다.

올 4월 미국 의학 도서관의 바이오 테크놀로지 센터(National Center for Biotechnology information, U.S. National Library of Medicine)에서 발표한 통계 자료와 마이크로소프트사의 연구에 의하면 2015년 일반 사람들의 평균 집중력은 8.3초라고 한다. 2000년에는 12초였는데, 지난 15년 동안 4초 정도가 더 앞당겨졌다. 9초의 집중력을 가진 금붕어보다 집중력이 더 낮아진 주요 이유로는 외부 자극이 훨씬 많아진 오늘날의 환경 때문인데, 그중 인터넷과 스마트폰이 주범이라고 한다. 이 통계가 사실이라면, 1분 동안 일고여덟 번 정도 주위를 산만하게 하는 환경 속에서 흩어지는 집중력을 다시 모으지 않으면 제대로 듣기 어려워진다는 것이다. 이 사실을 감안하지 않은 채 표현 막대기를 가지고 있다고 해서 자신이 하고 싶은 말을 마치기까지, 몇 분 동안 말을 계속한다면 듣는 사람에게 경청과 이해의 기회를 빼앗아가는 것이기 때문에 자신의 말을 하는 도중, 중간 중간에 상대방에게 듣고 이해한 바를 피드백할 시간을 주는 것이 좋겠다.

듣는 사람은 이해하는 기술을 보여줘라

듣는 사람은 상대방을 잘 이해하기 위해 먼저, 열린 마음과 열린 귀를 가지고 경청을 위한 바른 자세를 갖춘다. 둘째, 자신을 상대방의 입장에 두고 셋째, '대화의 로드맵'인 '경험 모델'을 떠올리며 문제에 대한 상대방의 생각과 염려나 관심 그리고 바람과 감정들을 놓치지 않고 듣기 위해 집중한다. 듣는 도중 피드백해주어야 한다는 부담감 때문에 상대방이 하는 말을 외우려고 하다 보면 오히려 상대방이 하는 중요한 이야기들을 놓치게 된다. 그러므로 인위적으로 외울 생각을 버리고, 상대방과 함께 자신이 이야기 속의 주인공이 되는 것이다. 그리고 상대방이 경험하는 하나하나를 자신도 함께 경험하는 것이다. 이처럼 상대방과 하나가 되어 물 흐르듯 그의 경험을 함께 따라가다 보면 자연스레 머릿속에 파노라마처럼 그림이 그려져서 피드백하기가 쉬워진다. 이것이 바로 중요한 부분을 잊지 않고 잘 기억할 수 있는 방법이다. 들을 때, 또 하나 조심할 사항은 아주 급하거나 꼭 물어봐야 할 사항이 아니라면 중간에 끼어들고 싶은 마음이 생길지라도 입을 다물고 끝까지 경청하는 것이다. 그런 후 듣고 이해한 바를 요약해서 피드백을 준다.

마음을 움직이는 10가지 대화 기술

토의가 진행됨에 따라 때때로 순서를 바꿔라

자신의 이야기를 들었던 사람이 피드백해줄 때, 자신의 이야기를 듣고 잘 이해했다고 생각되면, '이젠 당신의 이야기를 듣고 싶소.'라면서 가지고 있던 '표현 막대기'를 상대방에게 건네준다. 말할 차례가 바뀐 것이다. 이제 표현 막대기를 가진 사람은 상대방이 이야기한 그 '문제에 대한 자신의 생각과 염려, 관심사나 바람, 거기에 따른 감정들을 진솔하게 이야기한다.

이때, 차례가 바뀌어 듣는 사람은 다시 이해의 기술을 사용해 피드백을 주고, '표현 막대기'를 가지고 있던 사람이 상대방에게 넘겨준다. 이런 과정을 반복해가며 자신이 하고 싶은 말을 충분히 다하고, 또 상대방에게 이야기할 기회를 주게 되면 대화가 점점 더 진지해지고 깊이가 더해지면서, 상대방을 향한 깊은 이해심이 생긴다. 결과적으로 상대방이 원하는 바를 들어주고 싶은 열망이 생기고 결과적으로 원하는 바를 얻게 된다.

차례를 바꿀 타이밍을 알라

토의의 기술에서는 한 사람이 이야기를 독점하지 않고 차례를 바꿔가며 이야기하는 것이 중요한 규칙이다. 그렇다면 언제 표현 막대기를 상대방에게 건네주어야 할지, 즉 차례를 언제 바꿀지 알아야 한

다. 먼저 '표현 기술'을 사용하여 말하는 사람이라면,

1. 자신이 한 이야기를 상대방이 잘 이해했다고 생각될 때

2. 상대방의 생각이나 관심사에 대해 듣고 싶을 때

3. 상대방이 자신이 한 이야기에 대해 질문이 있는지 궁금할 때

4. 상대방이 화가 나 있거나 혼란스러워 할 때

표현 막대기를 건네주며 "이제 당신의 이야기를 듣고 싶습니다." 혹은 "당신의 생각은 어떠세요?"나 "궁금하신 게 있으세요?"라며 상대방에게 말할 기회를 주는 것이다.

그리고 '이해 기술'을 보여주어야 하는 듣는 사람이라면,

1. 상대방에게 이해 기술을 잘 보여준 후에 '표현 막대기'를 건네받으면 말할 차례를 갖게 된다. 또한

2. 상대방을 이해하기 어렵거나 질문이 있을 때

3. 감정이 격해져서 이야기를 제대로 들을 수 없거나 집중하기 어려울 때

4. 상대방에게 전해주고 싶은 의견이 있을 때

5. 상대방이 같은 이야기를 반복하거나 문제에 벗어난 이야기를 하고 있을 때

이런 경우에, 상대방에게 잠깐 이야기할 기회를 달라고 손짓을 하거나 요청할 수 있다.

이와 같은 경우에 표현 막대기를 건네주며 차례를 바꿀 수 있다고

마음을 움직이는 10가지 대화 기술

참가자들에게 설명해주면 고개를 갸우뚱하며 잘 이해가 안 된다는 표정을 짓는다. 귀로 백 번 듣는 것보다 눈으로 한 번 보는 것이 낫고, 눈으로 백 번 보는 것보다 몸으로 한 번 해보는 것이 낫다는 말이 정말 실감나는 순간이다.

이처럼 설명을 듣고, 시범을 보고, 자신이 직접 실습하면서 처음에는 감이 잘 잡히지 않아 복잡하게 생각되지만 한두 번 반복하다 보면 어느새 '표현 막대기'를 주고받는 것이 자연스러워진다. 그리고 계속 실천하다 보면 '표현 막대기' 없이 차례를 바꿔가며 이야기를 주고받고 있는 자신의 모습을 발견하게 된다. 그러니까 외우려고 하지 말고, 표현 막대기를 잡고 일단 토의를 시작해보라는 것이다. 'Learning by Doing(경험을 통한 학습)'이라는 말처럼 실습과 경험을 통해 배우는 것이 최상의 교육법이다.

다음에 나오는 '낙엽 도표(Fallen Leaves)'는 경험 모델을 만든 데니스 스토이카가 경험 모델 두 개를 합쳐 놓은 것인데, 이는 토의를 할 때, 두 사람 사이에서 어떤 일이 일어나고 있는지를 시각적으로 잘 보여준다. 나무에서 낙엽이 떨어지는 모습을 한번 상상해보자. 바람에 따라 이리저리 흔들리며 땅으로 내려앉는 모습을 떠올릴 수 있는가? 이제는 낙엽 두 개가 동시에 떨어지는 모습을 상상해보자. 이리저리, 지그재그 식으로 천천히 나부끼며 내려앉는 두 개의 낙엽을 그려볼 수 있는가? 대화를 주고받는 사이, 나의 낙엽과 상대방의 낙엽이 서로 손을 잡고 춤을 추듯 아래로 내려가면서 문제에서 시작해, 생각과 보다 더 깊은 염려와 바람을 나누고, 가장 밑바닥의 감정까지를 나누

낙엽 도표(Fallen Leaves)

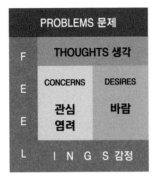

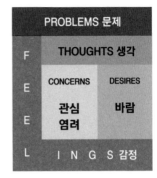

며 터치하는 모습, 이것이 바로 '낙엽 도표'의 의미다.

토의 석상에 앉은 두 사람이 차례를 지켜가며, 이야기하고 주고받되 경험 모델에 따라 토의를 계속하다 보면 표면적인 문제에서 시작한 이야기가 보다 깊은 곳으로 내려가는 체험을 하게 된다. 상대방이 진심으로 나를 이해하는 마음을 갖고 들어주니 전에는 나누지 않았던 염려와 관심사, 걱정거리도 나누게 되고, 또한 자신이 정말 원하는 것이 무엇인지, 어떤 감정을 갖고 있는지도 스스럼없이 나누는 시점에 이른다.

이처럼 한쪽이 이야기하고 한쪽이 이해 기술을 보여주면서 토의 기술을 사용하다 보면 서로가 처음에는 상상하지 못했던 감정의 세계로 깊이 내려가면서 상대방이 이해가 되고, 상대방의 처지에 공감하게 된다는 사실을 발견하고 놀라움을 금치 못한다. 상대방도 나와 같은 마음이 되어 자신의 이야기를 시작한다. 상대방이 제기한 문제

마음을 움직이는 10가지 대화 기술

에 대해 어떻게 생각하는지, 왜 자신이 걱정하고 있는지, 그 문제 때문에 자신이 왜 그렇게 힘들었는지, 왜 그 이야기만 나오면 민감하게 되는지, 왜 방어하게 되는지, 그 문제와 관련된 아픔과 슬픔의 감정은 어디서 왔는지를 이야기하는 사이, 듣고 있던 상대방도 고개를 끄덕인다. 그러고는 눈물을 글썽인다. 이처럼 두 사람이 전에는 느껴보지 못한 같은 병을 앓는 사람끼리 서로 가엾게 여기는 '동병상련'을 경험한다. 서로의 고통을 어루만지는 일이 시작된 것이다. 치유가 시작된 것이다.

왜 상대방이 그처럼 고집스럽게 자기주장만 내세웠는지, 왜 반대를 위한 반대를 하듯 억지를 부려왔는지 그동안 이해하지 못했는데 이런 방법으로 토의를 하면서 처음으로 그 배후에 깔린 동기와 이유를 알게 된 것이다. 그 배후에 있는 문제의 원인이란, 다름 아닌 어린 시절의 쓰라린 상처와 아픔, 고통스런 거절의 경험, 불안과 초조와 두려움을 가져다준 충격적인 사건들 때문이었단 사실을 알게 된 것이다.

이런 경험은 상대방에게만 국한된 것이 아니라 자신도 그러하다는 사실을 알게 되고 새로운 자기 발견의 자리에 이른다. 외골수로 타협이 불가능할 정도의 자기 모습도 바로 자신의 어린 시절의 경험에서 나온다는 사실을 깨닫게 된다.

"와, 자기발견과 함께 상대방에 대한 새로운 발견이 문제를 해결하려고 시작한 토의를 통해 이루어지다니…."

이것이 바로 '낙엽 도표'의 의미다.

여기까지 이야기가 되고 나면 사실, 그동안 문제되었던 것들이 더 이상 문제가 되지 않는다는 사실도 깨닫게 된다. 서로가 이해되고, 서로의 마음이 풀리니 자연히 상대방의 말을 들어주고 싶은 마음이 생기는 것이다. 그렇기 때문에 문제 해결 자체에만 초점을 두고 토의할 것이 아니라 문제와 관련된 자신의 생각과 염려, 바람과 감정을 서로 나누고 이해하는 것이 훨씬 더 중요하다는 사실을 기억하자. 머리로 문제 해결을 하는 것이 아니라 가슴으로 문제를 해결하는 것이 훨씬 더 효과적인 지름길이라는 사실을 생각하며 토의 기술 실습에 충실하자.

마음을 움직이는 10가지 대화 기술

토의 기술 포인트

1. 토의할 시간과 장소를 정하라.

2. 한쪽이 먼저 자신의 생각이나 감정, 염려나 바람을 나눠라.

3. 듣는 사람은 이해하는 기술을 보여줘라.

4. 토의가 진행됨에 따라 때때로 순서를 바꿔라.

5. 차례를 바꿀 타이밍을 알라.

관계 향상시키기

1. 부부가 함께 토의 기술에서 사용할 '표현 막대기'를 만들어보세요. 문방구
   나 수공예품 파는 곳에서 볼펜 두 개 정도 되는 길이의 둥근 막대기를 구입
   하고, 그 위에 예쁜 모양의 스티커나 그림을 붙여 장식한 후 리본으로 마무
   리하세요. 창조적인 아이디어를 사용하여 멋지게 장식한 다음에 부부가
   함께 대화할 때 사용하세요.

2. 보다 더 친밀한 부부관계 혹은 가족관계를 위해 하고 싶은 일이나 활동이
   있다면 토의 기술을 사용하여 이야기해보세요. '표현 막대기'나 이를 대
   용할 수 있는 물건을 사용하면서 이야기해보세요. 특별히 생각나는 활동
   이 없다면 아래에서 마음에 드는 활동을 고른 후 토의 기술에 맞추어 대화
   를 나누세요. 그리고 결정한 바를 실천한 후에 서로의 생각과 기분을 나눠
   보세요.

1) 주간 데이트

2) 매일의 대화시간

3) 외식

4) 함께 기도하는 시간

5) 아침과 저녁에 인사하기

6) 함께하는 운동

7) 기념일

8) 서로 마사지 해주기

9) 함께 일하기

3. 요즘에 생긴 '문제' 하나를 골라 토의 기술을 사용하면서 이야기를 나누세
   요. 토의한 후에 서로의 생각이나 느낌을 나눠보세요.

4. 전에 토의할 때와 토의 기술을 배운 후에 달라진 변화가 무엇인지 이야기
   해보세요.

　　　　　　　　　　　마음을 움직이는 10가지 대화 기술

4

잘못된 대화 패턴 바꾸는
코칭 기술

말이 입힌 상처는 칼이 입힌 상처보다 깊다. 모로코 속담

유순한 대답은 분노를 쉬게 하여도 과격한 말은 노를 격동하느니라. 잠언 15장 1절

언젠가 들은 말이다. '부부간에도 옆집 아저씨나 옆집 아줌마에게 하듯 예의를 지킬 필요가 있다.'는 것이다. 처음에 들을 땐 그게 무슨 뜻인지 의아했었지만 생각해볼수록 일리 있는 말이다. 이웃 사람에게 하듯 공손하게 예의를 지켜 말하면 부부 사이가 그렇게 극단으로 가지는 않을 것이고, 다른 아이에게 대하듯 부드럽고 친절하게 말하면 부모와 자녀 사이가 그렇게 나빠지지는 않을 것이다. 그런데 가깝

다고 함부로 말하고, 내 식구라고 함부로 소리 지르고 화를 낸다. 그래서 마음에 생채기가 생기고, 관계가 힘들어지는 것을 보며 갸우뚱했던 고개가 끄덕여진다.

하지만 이와는 전혀 다른 모습으로 살아가는 부부들도 많이 있다. 2014년 6월, 버지니아 비치에 위치한 교회에서 가정 세미나를 인도할 때였다. 투숙했던 호텔 식당에서 만났던 미국인 부부를 지금도 잊을 수가 없다. 식당에서 아침 식사를 하고 있는데 유난히도 눈에 띄는 은발의 노부부가 있었다. 70세가 훨씬 넘어 보이는데 둘이 마주 앉아 식사하는 모습이 너무 아름다워 보였다. 만나보고 싶은 마음에 식사를 대충 끝내고 그분들이 식사하는 테이블로 가서 "좋은 아침이에요."라고 인사했다. "여쭤보고 싶은 게 있는데 혹시 방해되지 않으시겠어요?"라고 물었더니 반가워하며 내게 의자를 내밀었다. 잠깐 나에 대한 소개를 하고 나서 궁금한 점들을 물어보았다. 2년 전 은퇴하신 노부부였는데 매년 결혼기념일이면 빠지지 않고 함께 시간을 보낸다고 했다. 이번에도 45주년 결혼기념일을 맞아 가까운 지역을 3박 4일의 일정으로 여행 중이었다. 하얀 와이셔츠에 넥타이 차림으로 반정장을 한 남편과 곱게 화장을 한 아내가 검소하지만 눈부시게 아름다웠다.

"두 분 아주 행복해 보이세요."

내 말이 채 끝내기도 전에 부인께서 "맞아요. 우린 너무 행복해요."라고 소녀 같은 미소를 지으며 답했다.

"어떻게 그렇게 오랜 세월 행복할 수 있죠? 혹시 무슨 비밀이라도 있으신가요?"

"서로 사랑하고 존경하는 것이죠. 좋을 때도 있고 어려울 때도 있었지만 지금까지 '사랑과 존경'이라는 두 단어를 늘 기억하며 살아왔어요."

갑자기 두 사람이 함께 걸어온 지난 40년의 삶을 반추하듯 미소 짓던 아내의 눈에 눈물이 고였다.

"와, 사랑과 존경이라고요?"

남편이 말을 이었다.

"결혼하면서 약속했지요. '사랑과 존경'을 우리 '부부의 도'로 삼고 살자고요."

"아, 사랑과 존경을요!"

두 분의 사진을 찍고 싶다고 했더니 남편이 아내 앉은 쪽으로 자리를 옮겼고, 아내가 남편의 팔짱을 끼면서 남편의 어깨에 살며시 머리를 기댔다. 카메라 렌즈에 담긴 노소년과 노소녀의 홍조 띤 모습이 진한 감동으로 클로즈업 되는 순간이었다. 그 후로 '사랑과 존경'이라는 단어를 생각할 때마다 그 부부의 모습이 떠올랐다. 지금도 앞으로도 나를 미소 짓게 할 노부부의 사진이 내 마음속 카메라에 곱게 담겨 있다.

요즘에 많은 중년 여성들이 남편과 함께 여행하기보다 친구들끼리 여행하는 것을 선호한다고 한다. 이유인즉, 남편과 같이 여행을 갔는데 별것 아닌 일로 의견 충돌이 생기고, 말꼬투리 잡아서 이야기를 하다 보면, 중간에 보따리 싸들고 돌아오고 싶은 마음이 들 정도로 마음이 상한단다. 그래서 같이 여행하기가 두렵다는 것이다. 하지만 친구랑 같이 여행하면 마음 상할 일도 없고, 그동안 답답했던 속마음을 털어놓으면 고개를 끄덕이며 이해해주고, 맞장구 쳐가며 내 편이 되어주니 마음이 후련해지며 치유와 회복을 경험한다는 것이다. 듣고 보니 이 또한 고개가 끄덕여진다.

왜 어떤 부부는 노년이 되어서도 행복한 여행을 즐기고 있는데, 다른 부부들은 그렇게 하지 못하는 걸까? 무엇이 문제이기에 별것 아닌 일로 말꼬투리를 잡고, 이 때문에 마음이 상하고 화가 나는 걸까? 어떻게 해야 두 사람이 싸우지 않고 대화를 끝까지 할 수 있을까? 이 질문에 대한 답이 이 장에서 배울 코칭 기술이다. 지금까지 몇 가지 대화 기술에 대해 배웠지만 아직 머리에 머물러 있는 수준이기에 배운 지식을 실제 행동으로 옮기는 데는 시간이 꽤 많이 걸린다. 이해 기술을 배웠지만 순간 순간 잊어버리기가 쉽고, 표현 기술을 배웠지만 이것도 금방 실천이 잘 안 된다. 그뿐 아니다. 차례를 기다려가며 대화하라고 배웠지만 금방 중간에 끼어들기가 일쑤여서 이것도 만만치가 않다. 그래서 다시 옛날 습관으로 돌아가 대화하다가 마음이 상해 입을 닫든지, 싸움으로 끝이 난다.

이 같은 옛날의 대화방식을 버리고 새롭게 배운 대화 기술을 지속적으로 연습하도록 도와주는 안전장치이자 존중하고 있음을 보여주는 기술이 바로 '코칭 기술'이다. 이 기술을 사용하게 되면 두 사람이 어떤 문제라도 안심하고 이야기할 수 있게 된다. 이 기술을 배워 실천하다 보면 대화의 질과 싸움의 질이 전과는 비교할 수 없을 만큼

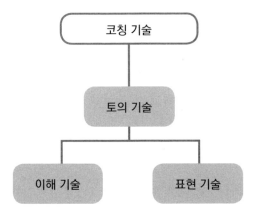

달라지고 있다는 사실에 깜짝 놀랄 것이다.

코칭 기술이란 위의 도표에서 보는 바와 같이 이해 기술과 표현 기술 그리고 토의 기술을 잘 사용할 수 있도록 코치해주는 기술이다.

대화에서 코칭 기술이 무엇인지 좀 더 구체적으로 이해하기 위해서 운동경기에서 활동하는 코치의 역할이 무엇인지에 대해 생각해 보자. 코치는 무엇을 하는 사람인가? 코치는 선수들로 하여금 운동경기를 잘 할 수 있도록 기본기를 가르쳐주는 사람이다. 코치는 또한 선수 한 사람 한 사람에 대해 지극한 관심을 갖고 실력을 쌓아가는 동안 끊임없이 칭찬하고 격려하면서 그의 잠재력을 최고로 발휘하도록 동기를 부여한다. 뿐만 아니라 선수가 도움이 필요할 때면 옆에서 친절하게 도와준다. 또한 선수의 기량에 따라 어떤 시간에 어떤 역할을 할 것인지 알려준다. 무엇보다 경기 중 지나치게 감정이 고조되면 잠시 경기를 중단시켜 선수들에게 감정조절 할 시간을 주어 보다 침착하게 경기에 임하도록 돕는 역할을 한다.

이와 마찬가지로 대화 중에 코치의 역할은 운동경기에서 중요한 역할을 하는 코치 역할과 비슷하다. 대화 코치는 상대방으로 하여금 배운 대화의 기술들을 계속 실천하도록 잘할 때는 칭찬해주고, 힘들어할 때는 격려하며 배운 기술을 연습하도록 옆에서 친절하게 도와준다. 대화 기술을 사용하는 것을 잊었을 때는 기억나게 해주고, 잘못했을 때는 바르게 교정해 주어서, 상대방으로 하여금 대화 기술을 잘 배우도록 돕는 역할을 한다. 결과적으로 두 사람 모두 '대화라는 경기'를 잘할 수 있도록 서로를 코치해주고 코치받는 가운데 두 사람 모두 이기는 '승-승'을 목표로 대화 기술을 연마하는 것이다.

코칭 기술은 차의 안전벨트와도 같은 역할을 한다. 안전벨트를 착용하는 것과 착용하지 않는 것의 차이는 평상시에는 드러나지 않는다. 하지만 사고가 났을 때 천지차이가 난다. 안전벨트를 착용한 사람은 사고로부터 생명을 구하고, 안전을 선물로 받지만 착용하지 않은 사람은 사고의 희생물이 된다. 두 사람이 사이가 좋아서 대화할 때는 코칭 기술이 필요하지 않은 것처럼 보인다. 하지만 일단 두 사람 사이에 갈등이 생기고 감정이 고조될 때, 코칭 기술을 사용하는 사람과 그렇지 않은 사람 사이에는 현저한 차이가 난다. 코칭 기술이 없으면 말로 치고 받고, 더 상처를 주기 위한 말을 골라가며 사용하므로 서로 가슴을 할퀴는 언쟁을 벌인다. 하지만 코칭 기술을 사용하는 사람은 잠시 갈등으로 인해 이성을 잃고 감정에 휩싸일 수도 있고, 감정이 상해 자신도 모르는 사이에 쉽게 상처주는 말을 할 수도

마음을 움직이는 10가지 대화 기술

있다. 하지만 대화의 안전장치가 되는 코치 덕분에 극단으로 가는 일을 멈출 수 있다.

대화를 하는 사람들은 저마다 이런 기대와 바람을 갖고 있다. 첫째로, 상대방이 나에게 '관심을 갖고 귀 기울여 들어주고,' 둘째로, '나를 이해해주며', 그리고 세 번째는, 설령 갈등 상황에 있다 하더라도 '나를 존중해주기'를 바란다. 앞에서 말한 첫 번째와 두 번째는 이해 기술에 해당하고, 세 번째는 표현 기술과 토의 기술에 해당한다. 이 세 가지 기술을 잘 사용할 때, 우리는 존중받고 있다는 생각을 갖지만, 어느 한 가지라도 잘 지켜지지 않으면 존중받지 못한다는 생각에 좌절감을 느끼거나 화가 나거나, 벽보고 대화하는 것과 같은 답답함을 느낀다. 그러니까 코칭 기술은 존중받지 못한다는 생각을 갖게 하는 옛날 방식의 대화법, 즉 충분히 듣고 이해하지 못하거나, 화를 자극하는 표현을 사용해서 상처를 주던 대화 방식을 버리고 관계를 향상시키는 대화 기술을 사용하도록 도와 준다. 뿐만 아니라, 자신의 생각과 감정, 염려와 바람에 대해 잘 표현을 하며 차례를 지켜가며 토의하는 기술을 실천하도록 돕는 데 초점을 맞춘다. 그럼, 지금부터 코칭 기술에 대하여 좀 더 구체적으로 배워보기로 하자.

코칭 기술은 언제 필요한가?

1. 대화 중 어느 한쪽이 이해 기술을 사용하지 않을 때

2. 대화 중 어느 한쪽이 표현 기술을 사용하지 않을 때

3. 논쟁하다가 문제에 대한 이야기가 아니라 서로를 공격하거나 방어하려

코칭 기술을 어떻게 사용할 것인지 서로 합의하자

운동 경기장에서 전략을 다시 세우거나 선수들의 잘못을 시정해 주
어야 할 필요가 있을 때, 또한 감정이 고조될 때 코치는 선수들을 부
르기 위해 팀들과 함께 미리 정해놓은 신호를 보낸다. 코치가 선수들
에게 타임아웃을 알릴 때는 손을 교차해서 신호를 보내기도 하고, 호
루라기를 불기도 한다. 때로는 노란색의 카드를 경고 사인으로 보여
주기도 한다. 이때 말로 신호를 보내는 것을 '중지 문구'라고 하고,
몸짓으로 보내는 사인은 '중지 신호'라고 한다. 중지신호를 받으면
선수는 무조건 코치의 명령에 따라 하던 일을 멈춘다.

대화 중 코칭 기술을 제대로 사용하려면 대화 기술을 배우고 있는
부부나 가족, 혹은 참가자들이 마음에 드는 중지 신호나 문구를 정하
는 것이 좋다. 예를 들면, 손을 앞으로 쭈욱 내밀든지, 상대방의 어깨
를 살짝 주물러 주든지, 손으로 하트 모양을 만들든지, 위협적이지
않은 신호 중에서 하나를 정한다. 상대방과 서로 마주보고 있지 않
은 경우라면, 단어를 사용해서 상대방에게 대화 기술에서 벗어났다
는 사실을 알려주기 위해 '중지 문구'를 사용하도록 한다. 이때는 평
상시보다 말꼬리를 길게 늘어 뜨리며 '여…보'라고 부르거나, '여기

를 보세요.' 혹은, '잠깐!'이라는 단어를 사용하거나 그 밖에 두 사람이 마음에 드는 문구를 정한다.

1. 서로가 대화의 기술을 유지하면서 이야기할 수 있도록 '중지 신호'를 보내자

그러면 어떤 경우에 '중지 신호'를 보내야 할까? 첫째는, 상대방이 이해하는 태도를 보이지 않을 때다. 듣는 사람이 깊은 관심을 보이는 자세로 말하는 사람의 입장이 되어 듣고 이해한 바를 피드백해주지 않을 때 '중지 신호'를 보낸다.

둘째, 상대방이 '표현 기술'을 사용하지 않을 때다. 생각해보지 않고 감정적으로 이야기를 하거나, 비난이나 불평의 말로 대화를 시작하거나, 올바른 관점이나 일반적인 관점에서 이야기하는 경우에 신호를 보낸다. 또한 화를 자극하는 말을 하든지 제안이나 원하는 바가 포괄적이거나 추상적인 경우에 '중지 신호'를 보낸다.

마지막으로 토의 기술을 사용하지 않을 때, 즉 차례 지키기를 잊고 상대방이 이야기하는 중간에 끼어들어 상대방의 말을 가로챌 때 중지 신호를 보내면 된다.

2. '중지 신호'를 받으면 곧바로 대화를 중단하고 잘못을 수정하자

'중지 신호'를 받으면 대화 중간이라 하더라도 곧바로 하던 말을 멈춘다. 그리고 왜 '중지 신호'를 받았는지, 무엇이 잘못되었는지를 생각해본 후 잘못한 부분을 수정한다. 이해 기술과 표현 기술을 제대로 사용했는지 생각해보고, 차례를 기다리지 못하고 성급하게 대화 중에 끼어들었는지 생각해보면 수정이 가능해진다.

3. 무엇을 잘못했는지 모르면 상대방에게 도움을 청하자

'중지 신호'를 받았는데도 무엇이 잘못되었는지 알지 못할 경우엔 상대방에게 물어보라. "내가 뭘 잘못했는지 모르겠는데, 나를 좀 도와주겠소?"라고 부탁하라. 만약 코치가 '항상'이라는 말을 썼다고 알려주면, '아, 그게 잘못되었군요. '항상'이 아니고 '가끔' 당신이 늦는다는 뜻이에요.'라고 수정을 하면 된다.

이때, 코치는 친절하게 상대방에게 잘못된 부분을 설명해주거나 제대로 된 표현법을 알려주어야 한다. 이제 막 대화 기술을 배우기 위해 걸음마를 떼기 시작한 초보자가 대화 기술을 하나씩 잘 연마해 갈 수 있도록 돕는 것이 코치가 하는 역할이기 때문이다. 또한 코치 자신이 좋은 코치가 되기 위해 스스로 대화 기술을 열심히 배워야 한다는 사실도 기억하도록 하자.

4. 양쪽 다 무엇이 잘못되었는지 모를 경우는 '싸우는 말'을 사용했는지 살펴보자

'싸우는 말'이란 상대방의 감정을 자극해서 '화나게 만드는 말'이다. 혹시 대화 중에 상대방의 기분이 나빠 보이든지 방어하는 모습이 보이면 뭔가 문제가 생겼다는 사실을 감지하고 "서로를 향해 무엇이 문제인지는 모르겠는데 기분이 언짢네. 우리가 혹시 '싸우는 말'을

마음을 움직이는 10가지 대화 기술

했는지 살펴볼까요?" 하면서 다음의 사항들을 하나씩 점검해보자.

1) '너 메시지'를 사용했는가?

'적극적 경청'과 '나 메시지'라는 의사소통 기술을 창안한 토마스 고든 박사의 '나 메시지'의 효과가 참으로 대단하다는 사실을 지난 20년간 자녀양육학교와 부부행복학교 그리고 분노조절학교를 운영하면서 확인하고 또 확인했다. 누군가의 잘못 때문에 부정적인 감정이 들 때, 주어를 '너(You)'로 시작하는 말로 사용하면 '너 메시지(You-Message)'라 하고, 주어를 '나(I)'로 놓고 말을 하면 '나 메시지(I-Message)'라고 한다. '너 메시지'를 사용하면 잘못한 사람은 자신을 비난하고 공격하는 말로 듣기 때문에 감정이 상하게 된다. 이처럼 듣는 사람의 감정이 상하면 잘못한 행동을 고칠 가능성도 줄어들고 말하는 사람과 듣는 사람 사이의 관계도 부정적이 되기 때문에 '너 메시지' 대신 '나 메시지'를 사용하는 게 훨씬 더 효과적인 대화법이다.

'나 메시지' 사용의 유익을 살펴보면 첫째로 '나 메시지'는 상대방으로 하여금 부적절한 행동을 바로 잡도록 긍정적인 영향을 미친다. 둘째로 '나 메시지'는 저항이나 반항을 일으킬 가능성이 낮아지도록 하기 때문에 효과적이다. 일반적으로 누군가의 잘못으로 인해 화가 나면, 사람들은 대부분 '너 메시지'를 사용한다. '너 메시지'를 사용하면 감정이 걸러진 상태에서 나오는 말이 아니라, 화가 직접 화살이 되어 듣는 사람의 감정과 인격을 공격하는 메시지가 되기 쉽다. 그렇게 되면 듣는 사람은 자신을 비난하거나 공격한다고 생각되어 반사적으로 방어태세나 공격태세를 갖춘다. 방어태세로는 변명이나 핑계를 대고, 공격태세로는 반항이나 재공격(counter-attack)을 하는 것이다. 하지만 감정을 조절한 다음, '나 메시지'를 사용하면 비난하거나 공격하는 말로 듣지 않는다. 결과적으로 감정이 상할 필요가 없고 저항할 필요도 없어진다. 그렇기 때문에 말하는 사람과 듣는 사람의 관계가 긍정적이 되는 것이다. 셋째로, '나 메시지'를 사용하면 행동을 고칠 책임을 상대방에게 전적으로 위임하기 때문에 효과적이다. 상대방의 잘못된 행동을 구체적으로 지적한 후에, 그 행동을 어떻게 바꿔주기를 원하는지도 구체적으로 알려준다. 이처럼 상대방이 원하는 행동이 무엇인지를 정확히 알고 나면 상대방을 배려해서 부적절한 행동을 고쳐야겠다는 마음이 들도록 동기 부여를 하기 때문에 효과적이다.

그럼, 이처럼 효과적인 '나 메시지'를 어떻게 사용할까? '나 메시지'는 네 단계로 이루어진다. 1단계에서는 상대방의 잘못된 행동으로 인해 자신에게 어떤 감정이 생기는지 알려준다. 감정을 표현하는 단어들 '화가 난다. 속이 상하다. 슬프다' 등을 사용한다. 2단계에서는 '네가 이런 행동을 해서' 혹은 '당신이 이런 행동을 할 때' 화가 난다는 표현으로 잘못된 행동을 구체적으로 설명해준다. 그런데 여기서 기억해야 할 점은 과거의 같은 잘못을 다시 들추지 말고, 그날에 있었던 행동이나 사건 하나만을 떼어서 이야기하는 것이다. 3단계에서는 아이의 잘못 때문에 화가 난 이유, 혹은 상대방의 잘못 때문에 속이 상한 이유를 '왜냐하면'이라는 표현을 사용해서 짧고 간단하게 설명해준다. 4단계에서는 자신이 원하고 바라는 행동이 무엇인지 구체적으로 알려주고, 정중하게 부탁한다.

자녀와 나누는 대화를 예로 들어보자.

"그동안 몇 번이나 말했는데 아직까지도 숙제를 안 했어? 너 엄마 말 듣고 있는 거야, 안 듣고 있는 거야? 너 엄마 말이 말 같지 않니? 아이고 정말 속상해서 못살겠다."

이것은 무슨 메시지인가? '너 메시지'다. 이와 같은 '너 메시지'를 '나 메시지'로 바꾸는 연습을 위의 4단계 공식에 맞추어 해보자. 먼저 감정에 해당하는 부분에 대해 이야기를 해야 하니까 '속상하다'는 표현을 해야 할 것이다. "엄마는 너무 속상하다." 두 번째는 '아이의 부적절한 행동'이 무엇인지 찾아보자. "엄마가 여러 번 말을 했는데 듣지 않아서"다. 첫 번째와 두 번째는 서로 바꾸어서 사용해도 상관이 없다. 편한 대로 사용하면 된다. 세 번째는 왜 속상한지를 짧게 이야기할 차례다. "엄마 말 안 들으면 네가 엄마 말을 가볍게 생각하고 무시한다는 생각이 들기 때문에"다. 마지막으로 "엄마가 말을 하면 힘들더라도 하던 일을 멈추고 숙제 하기를 바란다."라는 식으로 원하는 바를 설명해주면 된다. 연결시켜 보면 "엄마는 너무 속상하다. 엄마가 여러 번 말했는데 아직도 숙제를 하지 않아서 속상해. 네가 엄마 말을 빨리 안 들으면 엄마 말을 가볍게 듣는 것 같단다. 힘들어도 숙제 먼저하고 다른 일을 했으면 좋겠어."

혹은 1단계와 2단계를 바꾸어서 이렇게 표현할 수 있다.

"지금까지 여러 번 말을 했는데 네가 숙제를 하지 않아 엄마가 속상하다. 왜냐하면 네가 엄마가 말할 때 빨리 듣지 않으면 엄마 말을 무시하는 것 같아서 속이 상해. 힘들어도 하던 일 중지하고 숙제부터 하기 바란다."

2) '생각'과 '느낌'을 혼동해서 사용했는가?

대화 중 문장의 마지막에 별 생각 없이 "느낀다"라는 단어를 사용하는 경우가 많은데 조금만 자세히 그 말의 내용을 들여다 보면 '느낌'이 아닌 자신의 '생각'이나 '평가'라는 사실을 알 수 있다. '느낌'과 '생각'을 구별하지 않거나 혼동해서 사용할 경우, 상대방이 자신을 판단하거나 평가한다고 생각하기 쉽다. 그럴 경우 듣는 사람의 기분이 상하여 방어기제를 작동할 가능성이 높아진다.

"제가 화가 난 것 같아요."라는 표현을 예로 들어 생각해보자. 이 것이 제대로 된 표현인가? 무엇이 문제인가? 자신이 화가 났는지, 그렇지 않은지를 잘 모른다는 말인가? 감정이란 불확실한 것이 아니고 확실한 것이다. 생각을 말하려면 생각을 말하고 감정을 말하려면 감정을 제대로 표현해야 한다. '제가 화가 나요. 제가 슬퍼요. 제가 괴로워요.'라고 자신의 감정을 확실히 표현한다. 혹시 동양적인 정서에는 어른들 앞에서 자기 감정을 직접적으로 표현하는 것이 예의 바르지 못하거나 공손하지 못하다고 생각해서 혹은 감정을 자제해야 한다는 생각 때문에 우회해서 '화가 난 것 같아요.'라고 말할 수도 있겠지만 이런 표현은 상대방으로 하여금 혼동을 하게 만든다. "아니, 그럼 화가 났단 말이야, 안 났다는 말이야?" 혹은 "나 때문에 화가 났다는 뜻인가?"라는 의문을 갖게 하기 때문이다.

마셜 로젠버그 박사는 자신의 저서 「비폭력 대화」에서 생각과 느낌을 구별하는 명쾌한 지침을 제공해주고 있다. 첫째, '~해야 한다, ~와 같이, 마치 ~처럼' 다음에 '느낀다'를 쓰면 느낌이 아닌 평가나 판단이 된다. 예를 들어보자. '나는 힘들고 어려워도 옳은 일을 해야 한다고 느낀다.', '나는 꼭두각시와 같이 느껴진다.', '나는 마치 바보처럼 느껴진다.'라는 표현들은 뒤에 '느껴진다'는 단어를 사용했지만 느낌이 아니라 생각임을 알 수 있다. 둘째, 대명사나 명사 다음에 '느낀다'를 쓸 경우다. 예를 들어, '그는 늘 자신이 제일 잘한다고 느끼는 모양이다.', '그는 누구보다 똑똑하다고 느껴져.'와 같은 표현들은 자신의 느낌을 표현하는 것이 아니고 의견이나 생각을 표현한 것이다. 이와 같은 식으로 말을 하면 상대방은 자신을 평가하는 말이나 판단하는 말로 알아듣고 기분이 상하게 된다.

대화 세미나 중에 '느낌을 정확히 표현하는 연습'을 한다. 연습을 하기 전에 참석자들에게 '느낌을 표현하는 단어'들을 가능하면 많이 찾아보자고 하면 30개 이상의 단어를 찾는 경우가 드물다. 왜 그럴까? 그동안 느낌을 표현하는 것이 중요하다는 사실을 몰랐거나 혹은 느낌을 표현하는 사람은 좀 가벼운 사람이라는 편견이 있었기 때문이다. 그런 이유 때문에 느낌을 표현하기가 부자연스럽다 보니 비슷한 느낌을 몇 개의 단어로 요약하여 두리뭉실 사용하게 되지 않았나 싶다. 하지만 자신의 느낌을 정확히 알아차리고 감정을 표현하게 되면 자신에 대하여 그만큼 정직해지는 것이고, 상대방에게는 자신을 이해할 수 있도록 감정의 세계를 열어 보여, 더욱 친밀한 대화가 가능해진다.

3) 일반적이나 올바른 관점에서 말했는가?

'대부분의 남자들은, 대부분의 여자들은, 마땅히 해야 하는, 성숙한 신앙인이라면, 좋은 아버지라면…'과 같은 표현들은 '표현의 기술'에서 배운 것처럼 일반적인 관점이나 올바른 관점에서 하는 말이다. 그런데 이 같은 표현들은 모두 '나는 맞고 너는 틀렸다.'라는 식의 판단이나 평가가 되기 때문에 듣는 이로 하여금 저항감을 갖게 한다. 자, '당신이 좋은 아버지라면…'이라는 표현이 왜 문제가 되는가? 이 표현 속에는 '당신은 좋은 아버지가 아니다.'는 의미를 내포하기 때문에 판단이나 평가하는 말이 되는 것이다.

4) 구체적으로 말했는가?

표현 기술에서 이미 배운 것처럼 일반화시키거나 부풀려 과장해

마음을 움직이는 10가지 대화 기술

서 하는 말들, 즉 '항상, 결코, 한 번도'와 같은 단어들을 사용하지 말자는 것이다. 이 모두가 상대방의 화를 자극하는 '싸우는 말'이 되기 때문이다. 그 대신에 구체적으로 '가끔씩, 자주, 별로'라는 표현이나 '내가 기억하기에는…'이라는 완곡한 표현을 사용하도록 노력한다.

5)인격을 모독하는 인신공격이나 기분 나쁜 별명을 불렀는가?

'게으름뱅이, 멍청이, 문제아, 구제불능, 패륜아, 인간 쓰레기, 욕심꾸러기, 뚱보, 빼빼' 등과 같은 인격 모독의 말을 들어본 적이 있는가? 그때의 기분이 어떠했는가? 누군가에게 욕 먹은 적이 있는가? 그때의 기분은 '기분 나쁘다, 모욕적이다, 너무 화가 난다.'다.

만약 우리가 주고받는 대화 가운데 상대방의 인격을 짓밟는 말이나 욕설만 뺀다 하더라도 우리의 대화는 달라질 것이고, 이로 인해 우리 사이는 한결 좋아질 것이다. 영화나 드라마를 보아도, '욕 천지'다. 마치 욕이 사람을 즐겁게 만드는 유머처럼 착각하면서 있는 욕, 없는 욕 다 갖다 사용한다. 오랜만에 마음 먹고 영화를 보러 갔는데, 처음부터 끝까지 욕을 해대는데 듣기도 민망하고 그 자리에 앉아 있기도 싫어서 끝까지 영화를 봐야 할 것인지 잠시 갈등했던 적도 있다.

위에서 이야기한 다섯 가지 경우 외에도 명령이나 충고, 비난 섞인 단어들도 모두 싸우는 말에 해당되기 때문에 두 사람이 함께 이런 표현들을 사용한 것은 아닌지 찾아 보고 수정을 하라는 것이다.

상대방의 수정에 대해 감사하자

상대방이 자신의 잘못된 대화 기술을 알려주거나 고쳐주면 기분 나쁘하지 말고 고맙게 여기라는 것이다. 수정해준 것에 대해서 기분 나쁘하면 다음에는 고쳐줄 엄두가 나지 않는다. 그럴 경우, 배운 기술을 실습해보지 못하거나 더 이상 대화의 기술을 발전시켜 나갈 수 없기 때문이다.

코칭 기술을 사용해야 할 이유를 다음의 구약성경 잠언이 잘 설명해주고 있다. 15장 1절에는 "유순한 대답은 분노를 쉬게 하여도, 과격한 말은 노를 격동하느니라."고 쓰여 있다. 여기서 '유순한 대답'이란 상대방을 존중하여 '부드럽고 낮은 목소리'로 말하는 것이며 '과격한 말'이란 '화나게 하는 말'을 뜻한다. 위에서 열거한 것처럼 다섯 가지 종류의 '화나게 하는 말'을 사용하면 상대방의 화를 자극하기 때문에 부드럽고 친절한 말, 기분 좋은 말을 사용함과 동시에 상대방을 기분 나쁘게 하는 말을 피하면서 대화하라고 충고한다. 이렇게 대화하면 화날 일이 없거나 적어진다는 것이다.

대화 기술 훈련에 참석한 사람들이 코칭 기술까지 배우고 나면 이구동성으로 이런 이야기들을 한다. "지금까지 우리 부부가 대화 중 싸우게 되는 이유를 전혀 알지 못했는데, 이 코칭 기술을 배우고 나니 그 이유가 무엇이었는지를 알게 되었어요. 바로 이 '싸우는 말' 때문이었어요. '싸우는 말'을 사용하면 금방 기분이 상해 마음을 닫게 되고, 마음과 함께 귀도 입도 닫아버리는 것, 이게 우리의 문제였어요. 좋은 뜻으로 시작했던 대화가, 부드러운 말로 시작했던 대화가 시간이 지나면서 언쟁이 되고, 언쟁이 심각한 싸움으로 번지는 이유가 무엇인지 몰랐을 때는 답답했는데, 이젠 이유를 알았으니 우리 부부 싸움의 질이 확 달라질 것 같아요. 그렇죠, 선생님?"

자, 이제 '말이 입힌 상처는 칼이 입힌 상처보다 깊다.'는 모로코 속담을 마음에 새기고 자신이 자주 사용하는 말 가운데 제거해야 할 '싸우는 말'이 있는지 꼼꼼히 찾아보자. 습관이 되어 나도 모르는 사이에 튀어나오는 '싸우는 말'을 버리도록 내가 먼저 노력하고, 우리 주변의 사람들도 이 '싸우는 말'을 버리도록 좋은 코치 노릇을 하자. 또한 지금까지 배운 이해 기술과 표현 기술, 토의 기술을 다시 복습하면서 기술 사용을 부지런히 하자.

코칭 기술 포인트

1. 코칭 기술을 어떻게 사용할 것인지 먼저 합의하자.

2. 서로가 대화의 기술을 유지하면서 이야기할 수 있도록 '중지 신호'를 사용하자.

3. '중지 신호'를 받으면 곧바로 대화를 중단하고 잘못을 수정하자.

4. 무엇을 잘못했는지 생각나지 않으면 상대방에게 도움을 청하자.

5. 양쪽 다 무엇이 잘못되었는지 알지 못할 경우는 '싸우는 말'을 사용했는지 살펴보자.

6. 상대방의 수정에 대해 감사를 표현하자.

관계 향상시키기

1. 갈등 속에서도 상호 존중하기 연습

배우자나 자녀 혹은 가족들에게 화가 나거나 부정적인 감정이 생길 때, 어떻게 존중해주면 좋을지 물어보세요. 갈등이 생겼을 때 상처받았던 말이나 태도, 행동들이 무엇인지 생각해본 후, 다음 질문에 답해 달라고 부탁하세요.

1) 이런 말보다는 ＿＿＿＿＿＿＿＿＿＿＿＿＿＿＿＿＿＿＿＿＿＿

이렇게 말해주면 좋겠어요. ＿＿＿＿＿＿＿＿＿＿＿＿＿＿＿＿＿

2) 이런 태도보다는＿＿＿＿＿＿＿＿＿＿＿＿＿＿＿＿＿＿＿＿＿

마음을 움직이는 10가지 대화 기술

이런 태도를 보여주면 좋겠어요. _____

3) 이런 행동보다는 _____

이런 행동을 보여주면 좋겠어요. _____

2. 자신이 사용하는 말 중에서 상대방을 화나게 하는 말이나 표현은 무엇인지 곰곰히 생각해보세요. 잘 생각나지 않으면 위의 5번에서 '싸우는 말'을 한번 살펴보거나 가족들에게 물어서 써보세요.

3. 혹시 자신이 욕을 하거나 인신공격이나 인격 모독의 말들을 사용하고 있는지 생각해보고 여기에 적어보세요. 그리고 이런 욕이나 인격모독의 말을 앞으로 사용하지 않기로 다짐하고 대화 중에 실천해 보세요.

5

모든 대화 기술이 필요한
갈등 해결 기술

가족을 항로에서 이탈시키고 시너지 창조를 가로막는 방해물이 있다면 그것은

화를 내는 것과 같은 부정적인 감정일 것이다. 분노는 우리를 문제에 빠뜨리고

자만은 거기서 헤어 나오지 못하게 한다. 스티븐 코비

7월 4일은 미국 독립을 기념하는 축제일이다. 미 전역에서는 가족과
친지들이 함께 모여 자축하는 바비큐 파티로 뜨겁게 달아오르고, 날
이 저물면 대형의 폭죽놀이가 한여름 밤을 화려하게 수놓는다. 여름
의 클라이맥스가 되는 이날, 요트 클럽에서 주관하는 바비큐 파티에
초대를 받았다. 식사를 하면서 자연스럽게 내 옆에 앉은 리치 씨 부부

　　　　　　　　　　　　　마음을 움직이는 10가지 대화 기술

와 함께 이야기할 기회가 있었다. 25세 때 만나 50년을 함께 살아온 이탈리아인 부부였다. 나이가 들어도 '러브 스토리'는 몇십 번을 반복해도 질리지 않는 주제인가 보다. 남편 리치 씨가 두 사람이 연애하던 당시의 사진을 지갑에서 꺼내 보여주면서 아내 칭찬을 시작했다. 아내의 요리솜씨부터 시작해서 80을 바라보는 나이인 아직까지도 비영리 기관에서 자원봉사를 한다면서 아내 칭찬이 그치지 않았다. 그의 이야기를 듣다가 옆에 앉아 있는 로즈 여사에게 물어보았다.

"남편이 저렇게 많이 칭찬하시는데 기분 참 좋으시죠? 그리고 두 분, 지금도 행복하시죠?"

"그럼, 그렇고말고요."

"어떻게 해야 두 분처럼 그렇게 행복하게 살 수 있나요? 그것도 50년 이상을요."

아내가 대답했다.

"사랑과 존중 그리고 함께 시간 보내기. 이 세 가지를 실천하려고 열심히 노력했어요. 그래서 그런지 지금까지 별 탈 없이 잘 지내고 있어요."

"사랑과 존중 그리고 함께 시간 보내기"라는 말을 듣는 순간, 갑자기 작년에 버지니아 비치에서 만났던 노부부의 얼굴이 오버랩되었다. 그리고 그때 물어보지 못해 아쉬웠던 질문 하나를 던졌다.

"아니, 그럼 두 분은 지금까지 살면서 갈등도 없고 싸울 일도 없이 행복하게만 사셨단 말씀이세요?"

"갈등이 없었느냐고요? 싸우지 않았냐구요?"라며 빙그레 미소를 지으며 아내가 말했다.

"어찌 부부가 살면서 갈등도 없고 싸울 일도 없었겠어요? 많이 있었지요. 하지만 갈등의 순간에도 우리 부부가 다짐하고 또 다짐했던 건 '사랑과 존경'이란 두 단어였어요."

"아, 그렇군요. 그게 바로 두 분이 지금까지 행복한 부부로 살아오신 비결이었군요."

서로 미워하며 원수 보듯, 마음에 담벼락을 치고 사는 부부들이 이 지구상에 많이 있지만, '서로 사랑하고 서로 존경하면 저렇게 오래오래 행복한 결혼생활을 유지하며 살 수 있다.'는 사실을 리치 씨 부부와 작년에 호텔 식당에서 만났던 노부부를 통해 다시 한 번 확인할 수 있었다. 결혼해 살면서 '사랑과 존중'의 줄을 놓아버리고 산 부부들과 힘들고 어려운 순간에도 그 줄을 놓지 않고 산 부부의 차이가 하늘과 땅 차이라는 것을 보여준 노부부들에게 지금도 감사하다.

사실 나는 지난 몇 년 동안 에머슨 에거리치 박사의 『그 여자가 바라는 사랑, 그 남자가 바라는 존경』이라는 책에 매료되어 읽고 또 읽으며 탐구하고, 그 주제를 가지고 세미나를 인도하면서 부부들이 결코 잊어서는 안 될 단어가 바로 '사랑과 존중'이라는 사실을 강조해왔다. 에거리치 박사에 따르면 여자에게는 사랑이 더 필요하고 남자에게는 존중이 더 필요한데, 왜 그런지를 성경을 중심으로 설명하면서 실제적이고 구체적으로 여자 사랑하는 법과 남자 존중하는 법을 가르쳐주면서 결론적으로는 '피차 사랑, 피차 존중'하라는 에베소서 5장 21절을 인용하고 있다. 그렇다. 인간에게는 모두 '사랑과 존중'이 필요하다. 나는 사랑받고 싶다. 내가 여자라서 그런가 보다. 하지만 나는 동시에 존중도 받고 싶다. 그럼 내가 남자라는 건가? 그건 결코 아니다. 내가 존중받고 싶은 이유는 인간이 갖고 있는 고귀한 가치 때문이다. 내가 이처럼 존중받고 싶듯 다른 여성들도 나와 마찬가지로 귀한 존재로 존중받고 싶어 한다. 어디 그뿐이겠는가? 자녀들에게 물어보라. 그들도 역시 존중받고 싶다고 말한다. 부모에게 존중받고 싶고, 선생님에게도 존중받고 싶다고 한다. 선배에게도 친구에게도 모두 존중받고 싶어 한다. 그들이 갖는 고귀한 가치 때문이다. 어찌 보면 쉬운 것 같고, 어찌 생각하면 아주 어려운 '사랑과 존중'이란 두 단어를 염두에 두고, 갈등의 상황 속에서도 어떻게 서로를 '사랑'하며 '존중'할 수 있을지 갈등 해결 기술을 통해 배워보도록 하자.

갈등 해결 기술이 다른 기술들과 서로 어떤 연관이 있는지 알아

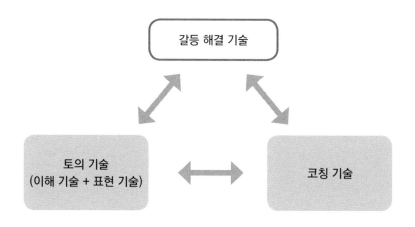

보기 위하여 위의 도표를 살펴보자. 갈등 해결 기술에는 그동안 배운 네 가지 기술, 즉 이해 기술, 표현 기술, 토의 기술, 코칭 기술 모두가 사용된다. 그리고 그 위에 갈등 해결 기술이라는 블록이 하나 더 추가되는 것이다. 조금 더 구체적으로 설명을 하자면 갈등을 일으키는 문제를 해결하기 위해 토의를 시도한다. 하지만 대화 기술이 아직 서투른 상태에서 토의를 하기 때문에 대화 중 표현 기술이나 이해 기술이 부족하여 코칭을 받는다. 이처럼 코칭을 주고받으며 대화를 하다가 어느 한쪽 혹은 두 사람 모두 화가 나서 더 이상 대화를 주고받을 수 없을 정도로 감정이 격해지는 시점에 이를 때, 이때 필요한 기술이 바로 갈등 해결 기술이다. 갈등 해결 기술을 제대로 사용하게 되면 비록 화가 나 있을지라도 서로를 존중하는 자세로 대하기 때문에 더 이상 의견의 불일치나 문제에 대해 두려워하지 않고 대화를 할 수 있다. 결과적으로 상호 신뢰하며 상호 만족하는 대화가 가능해진다. 어느 쪽도 다른 한쪽을 통제하거나 조정하려 하지 않고 갈등을 해결할 수 있게 된다. 상대방이 화를 낼까 두려워서 가슴에 담아 두었던 이야기들을 꺼내 끝까지 대화할 수 있도록 도와주는 갈등 해결 기술에 대해 기대감을 갖고 배워보자.

갈등해결 기술은 언제 필요한가?

1. 갑자기 갈등이 생겼을 때

2. 두 사람 중 하나가 굉장히 화가 났을 때

3. 두 사람 모두가 화가 나서 대화의 기술을 더 이상 사용할 수 없을 때

4. 두 사람 중 하나가 과거에 폭력을 당한 경험이 있을 때

5. 두 사람 중 하나가 과거에 감정조절이 안 되었던 경험이 있을 때

6. 열불이 날 때마다

위에 나열한 여섯 가지 경우에 갈등 해결 기술이 필요하다면 그건 갈등이 불가피하다는 말이며, 그런 의미에서 갈등 해결 기술은 우리 모두에게 필요한 기술이란 뜻이다. 행복한 결혼생활을 하는 부부들의 특성 가운데, 원만한 대화 기술과 갈등 해결 능력이 포함되어 있다. 그와 반대로 결혼생활에 어려움을 겪는 부부들은 영락없이 이 두 가지를 제대로 하지 못하는 사람들이다. 결혼 전 상담이나 부부 상담을 위해 사용하는 프리페어&인리치(Prepare-Enrich)에서는 부부 상호 간의 만족도를 측정하는 항목 중에서 대화 기술과 갈등 해결 기술을 가장 중요한 첫 번째와 두 번째 자리에 놓았다. 그 말은 결혼생활에서 이 두 가지 기술 없이는 원만한 부부관계를 유지하기 어렵다는 뜻이다.

프리페어&인리치와 거의 비슷한 역사를 지닌 '사랑의 실험실' 관계 연구소 대표, 존 가트맨 박사는 지난 36년간 3천쌍 이상의 부부를 대상으로 한 실험에서 처음 만난 부부의 대화 장면을 15분만 지

켜봐도 이혼할지 안 할지 90퍼센트 이상의 정확도로 예측할 수 있다는 결과를 발표했다. 결국 부부 사이에 어떤 대화를 주고받느냐가 부부관계의 성패를 결정한다는 것이다. 그는 또한 갈등에 대해서 이렇게 말한다. "갈등은 특정 부부들만의 것이 아니라 모든 부부가 공통적으로 겪는 문제"라는 것이다. 갈등이 없는 부부는 이 세상에 없다는 말이다. 하지만 그 갈등을 해결하지 못해 고통을 당하며, 관계가 악화되도록 그대로 놓아둘 것인지, 아니면 그 갈등의 원인을 파악하고 해결하며 살아갈 것인지는 전적으로 부부들의 선택과 노력 여하에 달려 있다.

지난 15년 동안, 부부 갈등 때문에 나를 찾아온 사람들의 대부분은 대화 기술과 갈등 해결 능력에서 거의 바닥 점수를 기록했다. 그들은 갈등을 해결하려고 대화를 시도해 보았지만 대화가 언쟁으로 번져 상처를 주고받는 악순환을 반복하면서 관계가 악화된 사람들이었다. 그들과 상담을 하면서 대화 기술은 물론 갈등 해결과 분노 조절 기술을 가르쳐주어 그들의 관계가 호전되는 것을 목격했다. 그런 이유 때문에 일찌감치 '분노 조절 훈련'을 패밀리 터치의 중요한 프로그램 중 하나로 개발하게 되었다.

관계 속에서 살아가는 모든 이들에게, 갈등이 불가피한 세상에 사는 우리 모두에게 필요한 갈등 해결 기술을 제대로 사용하기 위해 영어 단어 하나를 기억해보자. 갈등이 있는 순간에도 상대방을 존중하고 신뢰하라는 뜻을 상기시켜주는 'TRUST'라는 단어다. 갈등이 생길 때마다 'TRUST'라는 단어를 떠올리며 갈등 해결을 시작해보자.

마음을 움직이는 10가지 대화 기술

먼저 TRUST의 첫 글자 'T'는 '타임아웃하라.'는 뜻이다.

T = Take a time out 타임아웃하라

대화 중에 한 사람 혹은 두 사람 모두가 화가 나서 더 이상 대화하기가 어렵다고 판단될 때 타임아웃을 하기로 서로 약속하고 타임아웃 사인을 정한다. 코칭 기술에서 '중지 신호'나 '중지 문구'를 정하듯이 '타임아웃 신호'도 서로가 마음에 드는 신호로 정한다. 좋은 신호가 생각나지 않으면 '타임아웃'이라는 문구를 사용해도 좋다. 신호를 정한 후 감정을 조절해야 할 필요가 있다면 '타임아웃'을 요청하라. 타임아웃 요청을 받으면 즉시 이를 수락한다. 타임아웃을 즉시 수락하기도 그리 쉬운 일은 아니다. 화가 난 사람은 하고 싶은 말과 행동을 제어하기가 어렵기 때문이다. 타임아웃을 요청할 때는 감정 조절을 위해 어느 정도의 시간이 필요한지 미리 생각해보고 언제쯤 다시 대화를 시작할 것인지 상대방에게 알려준다. 또한 상대방에게도 그 시간이 대화하기에 좋은 시간인지 물어본 후에 '타임아웃'에 들어간다.

1. 감정 조절할 시간을 갖는다.

갈등을 해결하는 데 '감정 조절을 위한 타임아웃'이 왜 필요한지 생각해보자. 먼저, 분노가 우리 몸에 어떤 영향을 미치는가를 알면 분노조절의 필요성을 금방 알게 된다. 분노란 누군가 나에게 상처를 주거나 모욕을 줄 때와 무시하거나 불공평하게 대한다고 생각할 때 일어나는 감정이다. 또한 분노란 누군가가 자신의 기대치에 어긋난 행동을 할 때 느끼는 감정과 생각과 신체의 긴장을 말한다. 즉 화가 나면, 감정이 긴장되고, 생각이 긴장되며, 신체가 긴장된다는 뜻이다. 감정이 긴장된다는 것은 화가 나면 불쾌감과 짜증스러움, 속상함이나 억울함, 야속함과 같은 부정적이고 불만족스런 감정을 갖게 된다는 뜻이다. '생각이 긴장된다.'는 말은 화가 날 때, 생각과 판단을 주관하는 뇌가 긴장함으로 제대로 생각하거나 판단할 수 없는 상태가 된다는 것이다. 그래서 화가 나면 사람들의 머릿속에는 극단적인 생각이 오고간다. 복수하고 싶고, 상처주고 싶고, 때려주고 싶고, 본때를 보여주고 싶고, 관계를 끝내고 싶은 생각이 걷잡을 수 없이 떠오른다. 마지막으로 화가 날 때 '신체가 긴장'된다는 것은 교감 신경계가 활성화되고 근육이 긴장된다는 뜻이다. 교감 신경계가 활성화되면 체내에서는 스트레스 호르몬인 아드레날린과 코티졸을 분비한다. 이로 인해 혈압과 심장박동이 증가하며, 호흡도 가빠진다. 근육조직에 혈액공급이 증가되면서, 혈관과 심장근육은 축소된다. 침분비의 감소로 목이 타며, 소화가 되지 않는다. 손과 발에는 땀이 나며 온몸의 근육은 경직된다. 뒷골이 당기면서 목이 뻣뻣해지고 머리가 지끈거리며 아프기 시작한다. 눈에는 핏발이 서며 얼굴이 붉어진다. 말도 잘 나오지 않고 잠도 오지 않는다. 이러한 증상들이 바로 화가 났을 때 우리 몸에 나타나는 반응들이다.

만약 화가 나서 몇 시간 정도 우리 몸이 위의 증상들을 경험한다면, 그리 큰 문제가 되지 않겠지만 하루가 넘도록 혹은 며칠 동안 우

마음을 움직이는 10가지 대화 기술

리 몸을 화난 상태로 내버려둔다면, 즉 감정이 긴장되고 생각이 긴장된 상태, 신체가 긴장된 상태 그대로 내버려둔다면 우리 몸은 심각한 타격을 받는다. 그런 상태가 지속되면 우리 몸을 스트레스 호르몬인 독소로 며칠 동안 가득 채워두는 일이며, 교감 신경계의 항진된 상태를 그대로 지속시키고, 근육의 경직을 그대로 놓아두면 우리 몸을 망가뜨리는 결과를 가져온다. 이 같은 심각성 때문에 성경에서는 화에 관한 가이드라인을 분명하게 제시해준다. 신약성경 에베소서 4장 26절은 "분을 내어도 죄를 짓지 말며 해가 지도록 분을 품지 말고 마귀로 틈을 타지 못하게 하라."고 한다. 화가 감정과 생각의 긴장으로 극단적인 행동을 하면, 그것이 죄가 되는 결과를 초래하기 쉽고, 해가 진 후에도 계속 품고 있으면 우리 몸을 상하게 하는 것이고, 극단적으로 화난 상태가 계속되면 인간으로써 도저히 할 수 없는 위험한 일도 저지를 가능성이 있기 때문에 화는 반드시 조절하되, 가능하면 짧은 시간 안에 조절해야 한다. 우리 몸을 보호하기 위해서 화를 12시간 이상 품지 말고 빨리빨리 해결하라는 것이다.

둘째로, 감정이 행동에 어떤 영향을 미치는가를 알면 분노조절의 필요성을 금방 알게 된다.

나의 자녀양육 저서인 「내 아이의 미래를 결정하는 가정원칙」에서는 화난 감정과 행동 사이에 일어나는 역동을 잘 설명해주고 있다.

감정에 해당하는 영어 단어 'Emotion'의 라틴어 어원을 살펴보면 E(from, away, ~로부터 이끌어내다)와 movere(motion)이 합해져 이루어진 합성어다. Motion은 행동이나 동작, 혹은 움직임을 말하는데 두 단어를 붙여 보면 감정(Emotion)이란 '행동이나 동작을 이끌어내는 것'이다. 즉, 감정에 따라 행동이 나온다는 뜻이다. 좋은 감정을 가지고 있으면 좋은 행동이 나오고, 나쁜 감정을 갖고 있으면 나쁜 행동이 나온다. 분노와 관련하여 조금 더 구체적인 예를 들면, '화가 나면, 화난 행동을 하게 되고, 화가 가라앉으면 화난 행동이 나오지 않는다는 것이다. 그런 이유로 화난 행동을 하지 않으려면 화난 감정부터 조절해야 한다. 다음에 나오는 도표는 분노의 순환 고리다.

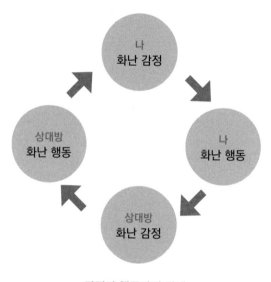

감정과 행동과의 관계

첫째, 내가 화가 나면 나는 화난 행동을 하게 된다. 둘째, 내가 상대방에게 화난 행동을 하면 상대방도 화가 난다. 셋째, 화가 난 상대방도 화난 행동을 하게 된다. 마지막으로, 화가 두 사람의 감정을 서로 자극하고 격한 행동을 주고받는 사이, 두 사람의 관계는 더욱 악화된

마음을 움직이는 10가지 대화 기술

다. 그렇다면 이와 같은 악순환의 고리를 끊기 위해서는 자신의 화난 감정을 조절하는 것이 첫 번째 할 일이다. 갈등을 원만하게 해결하려면 무엇보다 감정조절이 선결 과제다.

2. 이완기술(relaxation skill)을 사용하여 근육의 긴장을 풀라.

위에서 배운 것처럼 '분노 조절 기술'이란 긴장된 감정과 생각을 정상 상태로 돌려주고, 긴장된 교감 신경계와 근육을 이완시켜주는 기술을 말한다. 우리의 감정과 생각과 몸은 서로 밀접하게 연결되어 있고, 서로서로 영향을 주고받기에 따로 떼어놓고 생각할 수가 없다. 따라서 감정의 긴장을 풀어주면 생각과 신체의 긴장이 풀어질 수 있고, 생각의 긴장을 풀어주면 감정도 풀린다. 또한 활성화된 교감 신경계를 복식호흡을 통해 안정시키고, 근육 이완 훈련을 통해 긴장된 근육을 풀어주면 생각과 감정의 긴장도 풀리게 되는 것이다.

모든 종류의 심리적 긴장은 생리적으로나 신체적으로 긴장하게 만든다. 거꾸로 신체적 긴장을 풀어주면 심리적 긴장도 해소된다는 이론에 기초하여 근육 이완법을 주창한 사람은 미국의 생리 심리학자인 제이콥슨 박사다. 그는 주요 신체부위의 근육을 의도적으로 그리고 점진적으로 수축시켰다가 서서히 풀어주는 동작을 반복하는 과정에서 여러 가지 다른 원인으로 야기된 심리적 긴장을 자유자재로 통제할 수 있는 기술을 터득했다. 그가 개발한 근육 이완법의 타당성과 효과는 이미 전문가들에 의하여 다각적인 실험을 통해 충분히 입증되었다.

맥스웰 몰츠 박사도 제이콥슨 박사의 주장처럼 "근육이 이완되면 마음도 이완된다."라는 사실을 강조하고 있는데, 그가 말하는 근육 이완 훈련에는 두 가지 목적이 있다. 하나는 긴장감과 이완감을 구분하는 것이며, 이를 통해 어떤 근육이 긴장하는지를 알도록 하는 것이다. 또 하나는 모든 근육을 이완시키는 방법을 가르치는 데 있다. 근육 이완 훈련은 모든 중요 근육을 이완시키기 위해 사용될 수도 있고, 단지 몇몇 근육만을 이완시키기 위해서도 사용될 수 있다. 이 훈련의 유익은 어떤 특정 근육 하나가 긴장하기 시작하는 것을 미리 알아차려서 근육의 긴장 때문에 생길 수 있는 여러 질병을 예방할 수 있다는 것이다.

근육 이완 훈련의 기본 원칙은 먼저 근육을 긴장시키고 5초에서 7초간 이를 유지하다가 풀어주는 것이다. 이때, 긴장한 시간보다 이완된 시간을 두 배로 갖는 것이 중요한데, 한 번에 한 부분의 근육만을 사용하도록 한다. 원하는 결과를 얻을 때까지 반복해서 실시하는데, 근육이완 훈련의 순서는 일반적으로 손에서 시작하여 팔, 어깨, 발, 다리, 복부, 가슴, 목, 턱과 입, 눈 그리고 이마의 순서로 진행한다. 전문가에 따라 순서나 긴장의 형태를 약간 달리하기도 하지만 이런 사소한 차이는 긴장이완에 크게 문제되지 않는다. 요즘에는 유튜브(Youtube)에서 '근육이완 훈련'을 찾아보면 좋은 동영상들이 많이 나온다. 이를 시청하면서 훈련의 절차를 직접 따라 하게 되면 쉽게 이 훈련을 할 수 있다.

이와 같은 방법으로 감정과 신체의 긴장을 풀어주면 정신적 긴장도 풀리게 되어 제대로 생각할 수 있는 상태가 된다. 그렇지 않고는 분풀이로 상처를 주는 말과 행동을 저지르기 쉽다.

마음을 움직이는 10가지 대화 기술

R = Respect 갈등 중에도 상대방을 존중하라

1. 당신이 화가 났을 때라도 상호 존중하는 태도를 유지하라.

화가 잔뜩 나 있을 때 누군가를 존중하기란 정말로 어려운 일이다. 어떻게 화난 상태에서 존중할 수 있을까? 존 가트맨 박사의 '사랑의 실험실'에서 관찰한 부부관계가 악화되는 주된 원인을 비난, 경멸, 자기방어 그리고 담쌓기로 이어지는 대화법에서 찾았다. 서로 비난하다 보면 변명을 일삼게 되고, 그것이 경멸로 이어져 이혼으로까지 연결되기 때문에 결국 대화법이 이혼 여부를 가리는 기준이 된다는 것이다. 존 가트맨 박사가 진단한 결혼생활을 종말로 이끄는 네 가지 징조들은 모두 '존중'의 원칙에서 벗어난 행동들이기에 이 행동들을 멈추는 것이 '존중'하는 것이요, 갈등 해결 기술에서 집중해야 할 요소들이다.

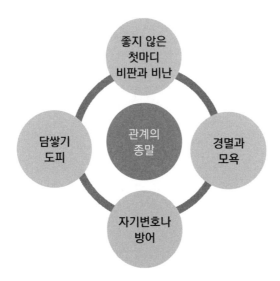

존 가트맨 박사의 **"결혼생활의 종말을 가져오는 네 가지 징조"**

2. 자신의 갈등 유형(conflict patterns)을 파악하고 바꾸도록 하라.

가트맨 박사가 90퍼센트가 넘는 정확도로 이혼 가능성을 예측하고 있지만, 나도 오랜 부부 상담 경험이 있기에 부부들의 대화가 오가는 것을 살펴보면 부부관계의 심각성을 금방 알아차릴 수 있다. 부부 대화의 문제뿐 아니라 갈등을 겪고 있는 부부들은 대체적으로 비슷한 갈등 패턴을 갖고 갈등이 생길 때마다 이 패턴을 되풀이한다. 이 갈등의 패턴은 벌써 어린 시절에 부모나 자기 삶에 중요한 역할을 한 사람들로부터 부지불식간에 배운 행동들이다. 부모가 어떻게 갈등에 대처하고 갈등을 처리하는지 보면서 자란 자녀들은 부모의 갈등 패턴을 자기의 것으로 만들어 갈등이 생길 때마다 그들과 비슷한 패턴을 되풀이한다. 예를 들어 부부 사이에 싸움이 일어나면 침묵하는 형이 있고, 회피하는 형이 있는가 하면 온갖 비난을 입으로 쏟아내며 화를 폭발하는 형이 있으며, 건강하게 갈등을 해결하는 형이 있다. 지금까지 어떤 유형으로 갈등을 대처해왔는지 살펴보고, 지난날의 부정적인 갈등 패턴을 더 이상 되풀이하지 말고, 건강한 갈등 해결 기술을 사용함으로 손상된 관계를 회복하고 친밀한 관계가 되도록 노력하자.

3. 갈등 해소 계획(conflict action plan)을 세워서 사용하라.

'갈등 해소 계획'이란 부부나 부모와 자녀 사이에 일어났던 과거 갈등의 유형들을 생각해보고, 멈추고 싶은 행동들이나 멈추어야 할 행동들을 골라내어 '갈등 해소 계획안'에 구체적으로 적는 것부터 시

마음을 움직이는 10가지 대화 기술

작한다. 예를 들어 소리 지르기를 멈춘다거나 화를 자극하는 단어 사용을 멈추는 것, 혹은 폭력적인 행동을 멈추는 것 등을 계획안에 쓰도록 한다. 또한 화를 진정시키기 위해, 자신이 해야 할 일과 상대방이 해야 할 일들에 대한 이야기를 나누고 감정적으로나 신체적으로 위협을 느낄 때, 서로 해야 할 일들을 이야기한 후에 이를 구체적으로 행동 계획안에 적는다. 지금까지 우리는 토의한 내용을 노트에 적는 일에 익숙하지 않다. 특별히 부부 사이나 가족간에는 더욱 그렇다. 하지만 말로 하고 적지 않으면 그만큼 실천가능성이 희박해진다. 그러므로 토의 내용이나 행동계획을 적는 일이 중요하다. 이를 위해 부록에 첨부된 '갈등 해소 계획안'을 작성하고, 이를 활용하여 부부관계나 가족관계를 향상시키도록하자.

U = Understand 이해 기술을 사용하라

분노한 사람과 마주할 때 기억할 것은 '듣기와 이해하기'가 먼저 할 일이라는 사실이다. 상대방의 분노가 가라앉을 때까지 인내하며 들어주기란 그리 쉬운 일이 아니다. 하지만 화난 사람을 향하여 이해하는 태도를 보여주면 그의 화는 점점 감소하게 되어 있다. 게리 채프만 박사는 그의 책 『사랑의 또 다른 얼굴, 분노』에서 화난 사람과 대면하는 7가지 방법을 제시해주고 있다. 그 7가지 중에는 첫 번째도 두 번째도 세 번째도 말하지 말고, 경청해서 듣고, 듣고 또 들으라고 조언한다. 누군가 화가 나 있을 때에는 효과적인 대화가 불가능하기 때문에 먼저 상대방이 왜 화가 났는지를 이해하는 것이 우선이다. 자신의 생각과 입장을 설명하려 하거나 화난 사람과 시시비비를 따지지 말고 이해하기 위해 먼저 들으라는 것이다. 이처럼 경청해서 듣고 이해한 내용을 상대방에게 피드백해주는 과정 속에서 머리끝까지 치솟아 올랐던 화가 조금씩 가라앉으면서 평정을 되찾게 된다. 이처럼 상대방의 화가 누그러지고, 목소리가 정상으로 돌아왔다 생각될 때 자신의 입장과 함께 갈등을 일으키고 화를 부른 원인들을 명백히 해줄 수 있는 부수적인 정보를 나누도록 한다.

S = Skills 대화 기술을 사용하며 대화하라

위의 단계에서 이해 기술을 잘 사용한 덕분에 상대방이나 혹은 두 사람 모두의 화가 어느 정도 가라앉고 다시 대화를 시도해도 괜찮겠다는 생각이 들면 서로 대화 기술을 사용해서 대화를 시작한다. 이때 다시 기억하며 사용해야 할 기술로는 토의 기술과 코칭 기술이다. 이 기술들을 사용하면서 갈등을 야기시켰던 문제에 대해 이야기를 나눈다. 행여라도 대화 중에 의견의 불일치가 생긴다면 다시 갈등상황을 맞지 않도록 서로 코치하면서 대화를 계속해 나간다.

마음을 움직이는 10가지 대화 기술

T = Talk Together 문제 해결을 위해 함께 이야기하라

타임아웃을 한 이후에 함께 이야기하겠다는 약속을 지키는 것이 중요하다. 많은 부부들은 다시 싸우기가 싫어서 갈등을 가져온 문제들에 대해 다시 이야기하기를 꺼린다. 그냥 덮어두면 싸울 일이 없어진다는 생각에서다. 그러면서 속으로 불만과 불평을 산처럼 쌓아두고 산다.

하지만 안전하게 다시 이야기할 수 있는 도구인 대화 기술을 배운 사람은 갈등에 대한 두려움을 더 이상 가질 필요가 없어진다. 다시 기술을 사용하여 두 사람 모두를 만족시키는 방법으로 문제를 해결할 수 있다는 사실을 알기 때문이다. 비록 화가 나 있을 때라도, 서로를 존중하는 자세로 대하면 양쪽 모두의 필요를 만족시키는 방법으로 문제를 해결할 수 있게 된다. 더 이상 의견의 불일치나 문제에 대해서 두려워하지 않고 기술을 사용하므로 문제가 해결될 때까지 대화를 계속할 수 있게 된다.

이처럼 갈등 해결 기술은 관계 속에 존재하는 많은 갈등과 긴장감을 해소시키고 사랑과 행복의 공간을 꾸며가도록 돕는다. 갈등 해결 기술을 배우고 난 지금 어떤 생각이 드는가? 그동안 부부간에 그리고 가족간에 씨름해왔던 갈등 패턴을 살펴보니 싸움으로 번질 수밖에 없었다는 생각이 들지 않는가? 하늘에 자욱했던 먹구름 같은 분노의 감정을 걷어내면 밝고 아름다운 무지갯빛 하늘을 볼 수 있을 것 같지 않은가? 갈등 해결 기술은 갈등이 불가피한 세상에 사는 우리가 꼭 배워야 하는 삶의 필수 기술이라는 생각이 들지 않는가?

갈등 해결 기술 포인트

1. T = Take a time out 타임아웃하라

2. R = Respect 갈등 중에도 상대방을 존중하라

3. U = Understand 이해 기술을 사용하라

4. S = Skills 대화 기술을 사용하라

5. T = Talk Together 문제 해결을 위해 함께 이야기하라

관계 향상시키기

1. 그동안 부부간에 혹은 부모와 자녀간에 사용해왔던 갈등의 패턴 중 멈추고 싶은 행동들을 설명해보세요. 두 사람 사이의 갈등이 어떻게 고조되어가는지 생각해보세요. 주로 싸움을 시작하는 사람은 누구이며, 어떤 방법으로 화를 자극하는지를 써보세요. 상대방이 화를 내면 거기에 대해 자신은 어떻게 대응하는지 써 보세요. 그리고 먼저 사과하는 쪽이 누구인지, 어떻게 해서 갈등이 끝나는지 비디오를 보는 것처럼 가능한 한 자세하게, 그리고 단계별로 설명해보세요. 그 과정을 종이에 그림이나 도형으로 그려 보세요. (부록 2 참조)

2. 부정적인 갈등패턴을 변화시키기 위해 당신이 사용할 전략과 방법들을 상대방과 이야기한 후, 다음의 '갈등해소 계획안'에 적고 이를 실천해 보세요.

(부록 3 참조)

3. 지금까지 살아오면서 터득한 '화가 풀리는 방법'들 중 관계를 파괴하는 부

정적인 방법이 아니라 건설적인 방법들을 아래에 적은 후 배우자나 가족과 함께 이야기하고 실천해보세요. (부록 4 참조)

갈등 해소 계획안

T. Time Out 타임아웃하기

우리의 타임아웃 사인은?

타임아웃 시간은 어느 정도로 할까?

화를 진정하기 위해 내가 할 일

화를 진정하기 위해 상대방이 할 일

두 사람 중 한 사람이 감정이 치솟아 오르거나 신체적인 위험을 느낄 때 무엇을 할 수 있을까?

R. Respect 화날 때도 존중하기

존중 전략들 (코칭 기술에서 생각해본 존중을 위해 할 일 적기)

U. Understanding 이해하기

이해하기가 힘들 때는 어떻게 할까?

S. Skills 기술 사용하기

갈등이 생길 때, 대화 기술 사용을 상기시켜주는 방법은 무엇일까?

T. Talk Together 함께 이야기하기

6

자신의 성숙과 안녕을 위한
용서 기술

현명한 사람이라면 용서를 서두를 것이다. 시간의 가치를 아는 사람으로서,

불필요한 고통으로 그 시간을 괴롭게 보내고 싶지는 않을 테니까. 새뮤얼 존슨

내 삶을 잘 살아내는 것이야말로 상처에 대한 가장 멋진 복수임을 잊지 말자.

아픈 감정에 골몰함으로써 내게 상처 입힌 사람만 점점 막강하게 만드는 대신,

내 주변에 존재하는 사랑과 아름다움, 친절에 눈 돌릴 일이다. 프레드 러스킨

상담 시간에 만나는 내담자들 중에는 자신에게 상처준 사람이나, 자
신의 인생을 파멸로 이끈 끔찍한 사건들을 오랫동안 마음에 품고 고

마음을 움직이는 10가지 대화 기술

통스럽게 살아가는 사람들이 있다. 상처의 종류도 참으로 다양하다. 어린 시절 부모에게 받은 상처, 형제자매에게 받은 상처, 배우자에게 받은 상처, 친척과 친구들 그리고 선생님이나 직장 상사로부터 받은 상처 때문에 힘들어하는 사람들이 생각보다 많이 있다. 이처럼 상처의 종류도 다양하지만 상처의 크기나 깊이도 다양하다. 태어나서 살아온 날의 상처를 다 꺼내어 책을 한 권 쓰라고 하면, 쉽게 책 한 권을 써낼 사람도 적지 않을 것이다.

얼마 전, 심한 불안증세와 분노 때문에 고통을 당하던 40대 초반의 여인이 나를 찾아왔다. 남편과 대학을 졸업하고 직장에 다니는 딸과 대학에 재학 중인 아들이 있는데, 아들은 마약 문제에 연루되어 있어 휴학한 상태였다. 최근에는 가족들에게 아무것도 아닌 일로 화를 내는 일이 빈번했고 화를 폭발하는 강도가 점점 세지고 있다고 했다. 뿐만 아니라 아이들이 행여 잘못 될까 싶어 조바심이 일고, 걱정과 염려가 많아 잠을 자지 못하며 늘 불안증세에 시달린다고 했다. 현재 경험하고 있는 증상들을 듣고 난 후 13주에 걸친 상담이 시작되었다.

그녀가 다섯 살이 되던 해, 아빠와 싸움을 크게 한 엄마가 보따리를 싸 들고 자신과 동생을 남겨둔 채, 한마디 말도 없이 집을 떠났다. 동생과 함께 갑작스레 엄마 잃은 불쌍한 고아가 된 것이다. 낮에는 엄마가 집에 돌아오기를 바라며 대문 밖을 내다 보다 행여 엄마가 올 것 같은 생각이 들면 동네 어귀로 뛰어나가 이리저리 두리번거렸다. 하지만 엄마는 오지 않았다.

밤이 되면 엄마가 보고 싶어서 소리 죽여 울다가 잠이 들었다. 잠이 오지 않을 때는 엄마 아빠가 싸운 이유가 무엇인지 생각해보곤 했다. 아마도 자신이 말을 잘 듣지 않아서 엄마 아빠가 싸웠든지, 혹은 동생과 자꾸 싸우니까 엄마가 떠났을지도 모른다는 생각을 했다. 그럴 때면 혼잣말을 중얼거렸다.

"엄마, 이제부터는 엄마 말 잘 들을 테니 빨리 집으로 돌아오세요."

"엄마, 앞으로는 동생과 절대 안 싸울 테니 빨리 집에 오세요."

날마다 엄마를 기다려도 엄마는 돌아오지 않았다. 자신과 동생을 버리고 떠나버린 엄마가 한없이 야속하고 원망스러웠다. 2회기에 걸쳐 엄마에 대한 추억을 더듬으며 이야기하는 동안, 그녀는 멈출 수 없는 눈물을 쏟아내며 통곡했다. 불안과 두려움에 떨고 있는 다섯 살짜리 어린아이처럼….

어느 날은 아빠가 소리 지르고 화를 내서 엄마가 집을 나갔을 거라는 생각도 들었다. 아빠가 미워지기 시작했다. 엄마를 찾으러 나가지 않는 아빠가 미웠다. 자신과 동생에게 소리 지르는 아빠가 너무나 무서웠다.

할머니가 집에 와서 살림을 해주셨고, 아버지는 일하느라 아침에 나가면 저녁 늦게 돌아왔다. 여섯 살이 되던 어느 날, 할머니와 아버지가 나누는 이야기를 엿듣게 되었다. 혼자 살기 힘드니 재혼을 하는 게 좋겠다면서 여자가 있으니 만나 보라고 했다. 아이들에게도 좋은 엄마가 될 사람이라고 했다. 그 이야기를 듣고 밤새 잠을 자지 못하고 울기만 했다. "우리 엄마도 우리를 버리고 떠났는데 어떻게 다른

마음을 움직이는 10가지 대화 기술

여자가 좋은 엄마가 될 수 있을까?"라는 생각이 들었다.

얼마 후 낯선 여자가 짐을 챙겨 들고 집에 왔다. 할머니가 자신과 동생에게 새엄마라고 소개하면서 엄마 말을 잘 들으라고 했다. 며칠 후 할머니는 집으로 돌아가셨다. 할머니도 자기들 곁을 떠난 것이다. 새엄마를 데려다놓고 떠난 할머니가 한없이 야속하고 원망스러웠다.

새엄마는 예뻤지만 차갑고 무서워 보였다. 한동안 새엄마는 우리 남매를 잘 챙겨주고 맛있는 음식도 해주었다. 하지만 얼마 가지 않아 그녀로부터 꾸중을 듣기 시작했다. 밥을 깨끗이 먹지 않았다고 혼냈고, 음식물을 흘렸다고 화를 냈으며 방이 지저분하다며 소리를 질렀다. 새엄마 앞에서 자꾸만 주눅이 들었다. 그녀가 무서워 같이 있는 것도 같이 밥을 먹는 것도 싫었다. 그녀가 소리 지르며 꾸중할 때 옆에 있는 아빠는 아무 말도 하지 않았다. 내 편을 들어주지 않는 아빠가 너무 미웠다.

새엄마와 아빠는 잘 지내는 것 같았다. 둘이 이야기하면서 웃는 소리도 들렸다. 어느 날 저녁 화장실에 가다가 새엄마가 아빠한테 "아이들 키우기 힘드니까 할머니 집에 보내자."라고 하는 말을 들었다. 힘없이 그 자리에 털썩 주저앉았다. 그러다 방으로 들어가 가방을 싸기 시작했다. 할머니 집으로 가기 위해. 눈물을 계속 닦고 있는데 동생은 새근새근 잠을 자고 있었다. 일곱 살 되던 해였다.

동생과 함께 할머니 집에 살면서 동네에 있는 학교를 다녔다. 어느 날 아빠가 찾아와 미국에 간다고 했다. 동생 잘 보살펴주고 할머니 말씀 잘 듣고 있으면 아빠가 데리러 오겠다고 했다. 초등학교를 졸업할 때 아빠가 약속대로 한국으로 왔고, 짐을 챙겨 동생과 함께 비행기를 타고 아빠가 살고 있는 뉴욕으로 오게 된 것이다. 뉴욕에 와보니 아빠는 세탁소를 운영하고 있었다. 중학교에 입학을 하고 동생은 초등학교 3학년으로 편입을 했다. 영어를 한마디도 하지 못해 학교에서는 꿀 먹은 벙어리가 되었다.

어느 날 새엄마가 학교 끝나고 나면 바로 세탁소에 나와서 일을 하라고 했다. 처음엔 잔심부름을 했고, 시간이 지나면서 조금씩 어려운 일을 시켰다. 옷을 분리하는 일, 세탁된 옷을 옷걸이에 거는 일부터 시작해서 다리미질도 시켰다. 행여 일을 잘못하거나 실수를 하면 새엄마는 소리를 지르면서 마구 욕을 퍼부었다. 그래도 성이 안 풀리면 철사로 된 옷걸이로 머리와 어깨, 등을 사정없이 내리쳤다. 머리가 멍해지고 등에서는 불이 났다. 새엄마가 죽을 만큼 미웠다. 죽이고 싶을 만큼 복수심이 타올랐다. 자신의 편을 들어주지 않고 새엄마가 때리는 데도 한 마디 말도 하지 않는 아버지가 더 미웠다. 아버지도 죽이고 싶었다. 그리고 자신도 죽고 싶다는 생각이 들었다.

동생은 어리니까 세탁소에 나오지 않았고 학교가 끝나면 집에 돌아와 혼자 공부를 하거나 친구들과 어울려 놀았다. 그녀도 동생처럼 공부도 하고 싶고 친구들과 놀고도 싶었다. 새엄마가 자신에게는 그렇게 무섭게 굴었지만 웬일인지 동생에게는 꾸중하거나 매를 때리는 일도 거의 없었다. 동생이 한없이 부러웠다.

새엄마의 학대와 아버지의 무관심 속에서 중학교, 고등학교 시절

마음을 움직이는 10가지 대화 기술

을 고통과 아픔 속에 보내야 했다. 학교에서 하는 공부는 흥미도 없었다. 숙제를 제대로 못해 가니 점수도 좋을 리 없었다. 고등학교를 졸업하고 집을 뛰쳐나와 봉제 공장에서 일거리를 찾았고, 월급으로 친구와 방을 얻어 자취생활을 시작했다. 새엄마의 학대에서 벗어나니 살 것 같았다. 마음 편하게 잠을 잘 수 있어서 좋았다. 돈을 모아서 저축을 시작했다. 가끔씩 동생을 만나 식사도 하고 동생에게 선물도 사주었지만 새엄마와 아버지는 절대로 만나지 않았다. 몇 년 직장생활을 하다가 지금의 남편을 만나 스물다섯 살에 결혼을 하게 되었다. 가구 만드는 전문 기술자인 남편은 성실하게 일했고 자신과 아이들을 사랑했다. 첫째 딸을 낳고 3년 터울로 아들을 낳았다. 남편 하는 사업도 그런대로 잘 되어 경제적으로 안정적인 삶을 살게 되었다.

아이들이 무럭무럭 커서 대학을 갈 만큼의 시간이 지났다. 그동안 한국에 있는 할머니는 돌아가셨고, 엄마 소식이 궁금했지만 알 길이 없었다. 새엄마는 65세 때 암으로 세상을 떠났고, 동생은 미국에서 대학을 졸업했지만 안정된 직장을 갖지 못해 이곳저곳을 전전긍긍했다. 그러다 돈이 필요하면 아버지에게 연락을 해서 돈을 가져가고 그녀에게도 돈을 빌려가기 일쑤였다. 대학을 졸업하고도 제 구실을 하지 못하는 동생이 안타깝고 때로는 미운 생각마저 들었다. 아버지는 새엄마가 돌아가신 후, 술에 의지하며 하루하루를 지내고 있다고 했다.

어떻게든 아이들을 잘 키워 보려고 애썼다. 그들이 미국에서 성공하기를 기대하며 열심히 뒷바라지를 했다. 그런데 아이들이 자신의 뜻대로 행동하지 않으면 불같이 화가 치밀어 소리를 지르고 매를 휘둘렀다. 화를 내는 자신이 싫어서 그렇게 하지 않으려고 노력했지만 화의 강도는 점점 세졌다. 자신에 대한 실망과 좌절감 그리고 죄책감과 자괴감에 시달려야 했다. 우울한 날이 많아졌다. 아이들이 잘못되면 어떡하나, 남편이 죽으면 어떡하나 하는 생각을 하면 가슴이 답답해지면서 극도의 불안과 두려움에 잠을 이룰 수 없다고 했다.

여섯 번의 만남을 통해 어린 시절부터 과거 40년 동안의 인생 여정을 돌아보는 시간 내내 슬픔과 아픔, 고통과 분노를 경험하며 그녀는 사무실이 떠나갈듯 치를 떨며 울었다. 친엄마에 대한 배신감 그리고 상실감으로 괴로워했다. 아버지에 대한 원망과 분노, 할머니에 대한 서운함, 새엄마에 대한 증오와 적개심과 복수심 때문에 고통스러웠다. 동생에 대한 실망감도 만만치 않았다. 이로 인해 그녀는 너무 오랜 세월 지옥을 경험하고 있었다.

그녀의 한 많은 사연을 들으며 나도 속울음을 삼켜야 했다. 이해와 공감을 보여주는 동안 나와 그녀 사이에 레포가 형성되었다. 이를 통해 그녀의 분노와 고통은 조금씩 경감되어 갔고, 제어하기 힘든 분노의 수준도 어느 정도 가라앉을 즈음, '용서의 필요성'에 대해 내가 조심스럽게 말을 꺼냈다. 현재 자신이 겪고 있는 불면증과 불안증세, 분노와 우울증을 치료하는 데 큰 도움이 될 테니 힘들지만 용서의 작업을 하면 좋겠다는 내 말에 그녀가 고개를 끄덕였다.

7회기 때부터 일곱 번에 걸쳐 용서의 작업을 진행했다. 복식호흡하는 법과 근육 이완법 그리고 명상하는 법을 가르쳐주면서 시간이

마음을 움직이는 10가지 대화 기술

날 때마다 실습하고 오라는 과제를 내주었다. 이 용서 과정에 사용된 'REACH' 모델은 에버렛 워딩턴(Everett Worthington) 박사에 의해 고안되었는데, 그는 임상 심리학자이자 버지니아 커먼웰스 대학(Virginia Commonwealth University)의 교수로서 용서 연구에 크게 공헌한 학자다. 그는 20여 년 이상의 임상 실험을 통해 'REACH' 효과를 입증시켰고 상담사와 가족 치료사들 뿐 아니라 기독교와 대학 캠퍼스 내에서 애용하는 '용서 모델'을 개발했다. 그 덕분에 수많은 사람들이 용서를 통한 치유와 회복을 경험하게 되었다. 자신에게 상처를 준 사람을 용서하는 'R.E.A.C.H.' 모델은 다음과 같다.

1. Recall the hurt : 상처를 다시 기억해낸다.

2. Empathize : 상처 입힌 사람을 이해하고자 그 사람의 입장이 되어본다.

3. Altruistic : 상처 입힌 사람에게 이타적 선물을 준다.

4. Commit : 용서하고자 결심하고 노력한다.

5. Hold on : 용서의 결심과 노력을 번복하지 않고 끝까지 유지한다.

위의 단계에 따라 친엄마에 대한 용서, 아빠에 대한 용서 그리고 새엄마에 대한 용서와 할머니에 대한 용서의 과정을 힘들게 힘들게 거쳐갔다. 친엄마를 용서해야 할 시간에는 다섯 살 난 아이 목소리를 내며 하염없이 엄마를 불러댔다. 그러다가 '엄마, 나 버려두고 어디 갔어? 엄마 왜 나를 버려두고 갔어? 그런 엄마를 내가 어떻게 용서할 수 있어?'를 외치며 목놓아 울었다. 그리고 나서 그녀는 온몸이 아파서 며칠간 앓아누워야 했다. 새엄마를 용서하기 위한 작업을 하면서 그녀는 짐승 같은 소리를 내며 한 시간 내내 치를 떨며 울어댔다. 그 다음에는 이 세상에 없는 새엄마를 향해 잠재된 분노가 화산처럼 폭발했다. 그리고 그녀는 또 온몸이 두들겨 맞은 것처럼 아파서 상담에 오는 것이 두렵다고 연락을 해왔다. 한 주를 걸러야 할 만큼 지독한 홍역을 치러야 했다. 가장 힘든 시간이었다. 그리고 아버지와 할머니가 남았다.

이처럼 '상처를 기억해내는' 첫 번째 단계가 가장 어렵고 가장 많은 시간이 소요되었다. 상처를 다시 기억해내는 단계는 상처받은 사건과 현장 그리고 상처준 사람과 대면해야 하는 고통스런 순간을 다시 경험하는 일이기 때문이다. 하지만 이 과정을 통해 부정적인 감정들이 어느 정도 분출되고 정화되고 나면 그 다음 단계를 향해 나아갈 힘과 용기를 얻게 된다. 마치 하늘에 잔뜩 끼어 있는 먹구름이 거치고 나면 밝은 햇살이 보이듯이 말이다.

두 번째 단계인 '상처 입힌 사람의 입장을 조금이라도 이해'할 수 있도록 격려하며 다음과 같은 질문했다. 왜 엄마가 사랑하는 아들딸을 두고 떠나야 했을까? 왜 할머니는 새엄마를 데려왔을까? 아버지는 왜 자신의 편을 들어주지 않고 침묵했을까? 새엄마는 왜 그렇게 자신을 못살게 굴었을까?를 그들의 입장이 되어 생각해보도록 했다. 그런 다음, 혹시 그들이 베풀었던 사랑의 행동들이 한 가지라도 있었는지 생각해 보도록 도전을 했다. 예상 밖으로 그들의 입장을 생각해보는 일이 가능했고, 놀랍게도 그들이 보여준 사랑의 행동들을 찾아

냈다. 증오와 분노 같은 부정적인 감정이 발산되고, 사랑의 행동을 찾아봄으로 마음의 웅어리가 풀린 그녀는 자신에게 상처 입힌 사람들에게 이타적 선물을 주는 세 번째 단계로 나아갈 수 있었다.

내가 물었다. 지금까지 살아오면서, 혹시 자신의 잘못을 용서해준 사람이 있었는지 물었다. 그렇다고 답했다. 남편도 자신의 잘못을 용서해 주었고, 무엇보다 하나님이 자신의 잘못과 실수를 용서해 주셨다고 했다. 용서받았을 때의 기분이 어땠냐고 내가 물었다.

"말할 수 없이 기뻤지요. 그리고 감사했어요. 무엇보다 불안과 걱정이 없어지고 마음이 편안해졌어요."라고 그녀가 대답했다.

"그렇다면 그런 선물을 친엄마와 새엄마, 아빠와 할머니에게도 줄 수 있을까요?"

한참을 생각하다가 결심한 듯 그녀는 고개를 끄덕였다.

"네!"

그러고는 다시 울음을 터뜨렸다.

내 앞에서 그녀는 용서를 선언했다. 또한 용서에 대한 오늘의 결심을 번복하지 않고 노력하겠다는 다짐도 했다. 아직 완전한 용서를 위해서 그녀가 가야할 길이 남아 있다. 용서한 것 같았는데 용서가 안된 것 같은 생각과 느낌도 시시때때로 찾아올 것이다. 원망과 미움이 찾아올 수도 있고, 다시 분노가 솟아오를 것이다.

하지만 13주간의 상담을 거치면서 몸도 마음도 그때처럼 다시 아파서 용서를 포기하고 싶었지만 점차 그녀에게 변화가 찾아왔다. 얼굴빛이 달라졌고, 목소리의 떨림이 줄어들었다. 덜 불안하다고 했다. 식구들에게 화를 덜 낸다고 했다. 불면증도 줄어들었다. 무엇보다 마음이 편해졌다고 고백했다. 아, 마음이 편해졌단다! 휴우.

『나를 위한 선택, 용서』의 저자인 프레드 러스킨 박사는 '용서학'에 관한 한 세계 최고의 권위자다. 그는 스탠포드 대학원에 입학하면서부터 '용서'에 관해 특별한 관심을 갖고 연구를 시작했다. 용서하지 못해 힘들게 살아가는 사람들에게 '용서'하는 법을 가르쳐줌으로써 과거의 상처로부터 벗어나도록 돕고 싶다는 생각으로 용서 연구에 박차를 가했다. 그의 주도 하에 '스탠포드 용서 프로젝트'가 시작되었고, 10년 동안의 임상실험과 과학적 연구를 통해 용서가 가진 치유력과 의학적 유익을 검증해냈다. 그의 연구에 따르면 '자신을 고통스럽게 한 대상을 용서하지 못한 채 원망과 분노, 울화나 한 같은 부정적인 감정을 품게 되면 마음이 황폐해지고 급기야 건강을 해치며 인생을 망가뜨리는 결과를 가져온다.'는 것이다. 상처준 사람을 향해 갖는 부정적인 감정은 관상동맥에서 말초혈관에 이르는 혈관을 좁히는 스트레스 호르몬을 방출시키고 근육을 긴장시키며 혈압과 심장 박동수를 높이는 등 신체 건강을 해치는 독이 된다는 사실을 밝혀냈다. 반면, 용서를 하면 부정적인 감정이 누그러지면서 자신감과 희망, 동정심이나 낙관성과 같은 긍정적정서가 증가되고 결과적으로 신체 건강이 회복되는 것을 검증해냈다. 실험에 참가한 사람들은 육체적인 면과 정신적인 면 그리고 인간관계의 차원에서 삶의 질이 향상된 것을 확실하게 경험했고, 이 변화는 실험이 끝난 뒤에도 오래도록 지속되었음을 보여주고 있다.

러스킨 박사뿐 아니라 '용서와 건강과의 관계'를 연구한 루터 대학의 로렌 토세인트 박사도 인간의 정서적 상처를 치유하는 용서가 정신적, 신체적 그리고 영적으로 어떤 영향을 미치는지에 대해 심도 있는 연구 결과를 내놓았다. 그의 연구는 용서 전과 용서 후의 건강상태가 구체적으로 어떻게 달라졌는가에 초점을 맞추었다. 특별히 심장병 환자나 우울증을 앓고 있는 환자들, 수치감과 죄책감에 시달리는 사람들, 자살충동이나 자살을 시도한 정신질환자, 근육통 질환을 앓고 있는 환자들을 대상으로 연구했는데, 용서한 후에 그들의 건강상태가 호전되었다는 보고를 했다. 또한 용서한 환자들과 용서하지 않은 환자들 사이의 비교 연구를 통해서도 용서가 건강에 미치는 영향을 과학적으로 증명해냈다. 결과적으로 이제 '용서 기술'은 상담실 안에서 사용되는 '상담 심리'의 도구일 뿐 아니라 병원에서조차도 건강증진을 위해 환자에게 가르치는 치료 기술이 된 것이다. 따라서 그들의 연구와 치료 기술로 오랫동안 심리적 차원에서 머물렀던 '용서'를 과학적이고 의학적인 차원으로 끌어올려 '용서학'이란 학문으로 발전시켰다.

프레드 러스킨 박사의 '용서 기술'은 자신에게 크게 상처준 사람을 오랫동안 용서하지 못해 마음에 울화와 한을 갖고 자기 파괴적인 삶을 살아가는 사람들 뿐만 아니라, 매일 매일 크고 작은 상처를 주고받으며 살아가는 모든 이들에게 체계적이고 실용적인 용서의 기술을 가르쳐주고 있다. 그를 통해 배우는 '용서'란 배우고, 훈련하고, 자신의 것으로 만들 수 있는 기술이요, 자기 성숙과 안녕을 위해 그리고 인간관계 향상을 위해 반드시 필요한 기술이라는 점이다. 러스킨 박사가 가르쳐주는 '용서의 아홉 가지 핵심'을 소리 내어 읽으면서 용서의 의미가 구체적으로 무엇인지, 누구를 위해서 하는 건지 그리고 용서의 유익이 무엇인지 알아보도록 하자.

① 그 일에 대해 내가 어떻게 느끼고 있는지를 정확히 알아야 한다. 그리고 그 상황에서 무엇이 잘못이었는지를 하나하나 짚어낼 수 있어야 한다. 이 두 가지가 다 갖추어지면 믿을 만한 사람에게 자신이 겪은 일을 이야기한다.

② 마음이 편안해지기 위해 필요한 일이 있으면 반드시 하겠다고 결심한다. 용서는 나를 위한 것일 뿐, 그 밖의 어느 누구를 위한 것도 아니다. 나의 이런 결심을 다른 사람이 알 필요도 없다.

③ 나의 목표가 무엇인지 이해하도록 한다. 용서한다고 해서 내게 상처 입힌 그 사람과 반드시 화해할 필요는 없다. 그의 행동을 정당화해주는 것은 더욱 아니다. 나는 그저 내 평화만 구하면 된다. 용서란 단지 '어떤 일을 개인적으로 받아들이기를 그치고 현재 내 아픔을 그 일 탓으로 돌리지 않으면서 원망과 넋두리를 긍정적인 것으로 바꿀 때 우리 마음에 차오르는 평화로운 느낌'이라고 정의할 수 있다.

④ 사건에 대해 올바른 관점을 획득해야 한다. 고통의 1차적 원인은 2분 전, 경우에 따라서는 2년 전에 내가 당한 공격이 아니라 지금 내 안에 있는 마음, 상한 감정, 생각 그리고 육체적 불편함이라는 사실을 기억하자.

⑤ 고통스러운 기억이 살아나거나 고통이 느껴지면 곧 바로 PERT를 실

시하여 부정적 감정과 신체적 긴장을 누그러뜨리도록 한다. PERT란 "Positive Emotion Refocusing Technique"의 줄인 말로써 '긍정적 정서를 되찾는 테크닉'을 말한다. 이 테크닉은 복식호흡을 하므로 배 주위가 이완되며 복식호흡과 심호흡을 되풀이하면서 아름답고 평화로운 경치를 상상해보거나 자신이 좋아하는 사람을 떠올린다. 계속 호흡하면서 마음이 평온해지고, 몸의 긴장이 풀렸다고 생각이 되면 문제를 풀기 위해 어떻게 해야 할지를 물어본다. (정리하면 긍정적 정서를 되찾아주는 PERT 테크닉은 '복식호흡과 명상'을 합해놓은 테크닉이라 할 수 있다.)

⑥ 인생이나 다른 사람이 마음에도 없는 일을 나에게 해줄 거라 기대하지 말자. 내 건강이라든지 나 또는 남의 행동양식에 관해 내가 갖고 있는 실현 불가능한 규칙들이 무엇인지 알아내도록 한다. 건강과 사랑, 우정, 인간적 성숙을 희망하고 그 실현을 위해 열심히 일할 수는 있다. 하지만 이런 일들에 아무런 영향력도 없으면서 이 모든 것이 현실에서 이루어지기만을 바란다면 고통은 이미 예정된 것이나 다름없다.

⑦ 상처받은 경험만을 끊임없이 생각하는 대신, 긍정적인 목표를 이룰 수 있는 다른 길을 찾아보는 데 온 힘을 집중한다. 곧, 좋은 취지를 발견해야 한다는 말이다. 머릿속에서 상처 필름만 계속 돌아가게 하는 대신, 원하는 것을 얻을 방법을 모색한다.

⑧ 내 삶을 잘 살아내는 것이야말로 상처에 대한 가장 멋진 복수임을 잊지 말자. 아픈 감정에 골몰함으로써 내게 상처 입힌 사람만 점점 막강하게 만드는 대신, 내 주변에 존재하는 사랑, 아름다움, 친절 같은 것에 눈 돌릴 일이다.

⑨ 원망 넋두리를 새롭게 쓴다. 용서라는 대담한 결정을 내린 영웅으로서 내가 등장하는, 그야말로 활기찬 이야기가 만들어져야 한다.

자, 위의 아홉 가지 용서의 핵심 요소들을 마음에 새기고 예수께서 가르쳐주시는 용서의 원칙에 귀를 기울여보자.

"그때에 베드로가 나아와 가로되 주여 형제가 내게 죄를 범하면 몇 번이나 용서하여 주리이까 일곱 번까지 하오리이까? 예수께서 가라사대 네게 이르노니 일곱 번뿐만 아니라 일흔 번씩 일곱 번이라도 할지니라."

위의 성경 구절(마태복음 18장 21절-22절)은 용서에 대한 강의를 하면서 내가 늘 인용하는 구절이다. 이 구절을 참석자들과 같이 읽은 다음에 질문을 한다.

"여러분은 여러분 마음을 아프게 하고, 상처준 사람을 몇 번 정도나 용서할 수 있나요?"

대답은 다양하다. 한 번이라고 대답한 사람도 있고, 두 번이나 세 번이라고 대답한 사람도 있다. 잠시 침묵이 흐른 뒤, 누군가가 비장한 표정으로 "일곱 번까지는 용서할 수 있을 것 같아요."라고 한다. 그때, 도전하듯 내가 다시 질문한다.

"그럼 우리가 방금 읽은 마태복음에서 '예수님은 일흔 번씩 일곱 번, 즉 490번까지도 용서하라.'고 하시는데 결국 일곱 번 정도밖에 용서할 수 없다면 이 말씀은 도저히 지킬 수 없다는 뜻이네요?"

"네, 이 말씀은 인간적으로는 도저히 실천 불가능한 말씀이에요."

라고 누군가 뒤쪽에서 대답을 한다.

질문을 마치고 나서 내가 준비한 파워포인트를 보여주면서 용서하지 않을 경우, 정신적으로나 정서적, 신체적, 영적으로 어떤 영향을 받게 되는지를 러스킨 박사와 토세인트 박사의 연구 결과를 들어가며 설명을 한다. 그러고는 전보다 더 큰 소리로 같은 질문을 한다.

"여러분은 여러분을 마음 아프게 하고, 상처준 사람을 몇 번 정도 용서할 수 있나요?"

뒤쪽에서 누군가가 대답한다.

"일흔 번씩 일곱 번이요."

같은 질문을 다시 반복한다.

"여러분은 여러분 마음을 아프게 하고, 상처준 사람을 몇 번 정도 용서할 수 있나요?"

이구동성으로 힘을 주어 대답을 한다.

"무한대로요."

내가 묻는다.

"용서는 누구를 위해서 하는 거라고 했지요? 상처준 사람을 위해서예요, 아니면 나를 위해서예요?"

그들이 답을 한다.

"나를 위해서요."

그렇다. 예수께서는 '나를 위해서 용서'하라고 하신다. 우리가 건강하게 살도록 그리고 마음의 평화와 안녕을 유지하며 살도록 용서를 촉구하신다. 이것이 바로 계속적으로 용서하라고 하신 이유다. 그동안 우리는 우리에게 상처를 준 '그 사람을 위해 용서'하는 것으로 생각했었는데, 그래서 용서하는 것이 억울하고 힘들었는데, 그 사람이 아니라 오히려 '나 자신을 위해서 용서하는 것'이란 사실을 배우

갈등 해결 기술 ——————— 용서 기술

고 나니 용서해야 할 이유가 더욱 분명해졌다.

　용서 기술은 갈등 해결 기술 다음에 온다. 갈등이 생겼을 때 화를 잘 다스리고 대화를 계속해나갈 수 있다면 더할 나위 없이 좋겠지만 분노의 감정에 휩싸인 사람이 상처주는 말이나 행동을 해서 누군가가 상처를 받았다면 그때는 용서 기술이 필요한 때다. 용서는 갈등을 제대로 매듭짓기 위해 필요한 도구이며 손상된 관계를 회복시키는 도구이기 때문이다. 하지만 우리는 용서하는 일에 있어서 서툰 어린아이와 같을 때가 많다. 잘못을 했으면서도 자존심이 상해서 용서를 제대로 구하지 못하거나 얼렁뚱땅 두리뭉실 대충 넘어가려고 한다. 하지만 이런 일이 반복되면 도리어 상처받은 사람의 상처는 더욱 깊어지고, 그에 따라 관계의 골도 깊어진다.

마음을 움직이는 10가지 대화 기술

용서 기술은 언제 필요할까?

1. 상대방이 나에게 잘못을 해서 내가 상처받았을 때

2. 갈등을 일으키는 사건으로 두 사람 모두 혹은 두 사람 중 어느 한 사람이
   부정적인 감정이나 분노를 갖고 있을 때

3. 나에게 상처준 사람에 대해서 불평과 원망이 생기고 관계가 불편해질 때

4. 나에게 상처준 사람을 오랫동안 잊지 못하고 미움과 원한 때문에 복수하
   고 싶은 생각이 자신을 괴롭힐 때

5. 나에게 상처준 사람 때문에 내 삶이 파괴되었다는 생각으로 탓하기를 일
   삼고, 피해의식이 자신을 지배할 때

용서의 필요성을 인정하라

어린 시절부터 갖고온 해묵은 상처든 일상의 삶 속에서 시시때때로
주고받은 크고 작은 상처든 그 상처로 인해 정신적으로나 정서적 혹
은 신체적으로나 영적으로, 인간관계를 맺는 일에 어려움을 겪거나
부정적인 영향을 받고 있다면 그 영향력으로부터 벗어나 전인적으
로 건강한 삶을 살기 위해 용서가 필요하다는 사실을 인정하는 것이
용서의 첫 단계다. 회복과 변화는 언제나 필요성을 인정하면서부터
시작되기 때문이다.

　위의 다섯 가지 가운데 자신이 어떤 경우에 속하든, 불편한 감정이
생기거나 문제 행동을 하게 되는 경우라면 용서를 위한 결심과 함께

용서를 더 이상 미루지 말고 서두르는 것이 좋겠다. 만약 자신이 4번과 5번처럼 그 뿌리가 깊고 오래된 상처를 갖고 있다면 앞부분의 상담 사례에서 다룬 것처럼 전문 상담사를 만나거나 용서나 치유 프로그램에 참가하므로 용서작업을 시작하도록 권하고 싶다. 그러므로 이 장에서는 1번부터 3번과 같이 부부 사이나 가족들 그리고 가까운 사람들 사이에 용서가 필요한 경우에 초점을 맞추기로 한다.

용서를 위한 안전한 환경을 만들라

상처준 사람과 대면해서 이야기를 나누는 것은 그리 쉬운 일이 아니다. 특별히 두 사람 모두나 둘 중 어느 한 사람이 여전히 화가 가라앉지 않은 상태에 있다면 용서를 위한 환경이 아직 만들어지지 않은 것이다. 그러므로 용서를 원한다면 갈등 해결 기술에서 배운 것처럼 분노 조절이 필수다. 분노 조절과 함께 두 사람이 용서를 위한 대화를 나누기에 안전한 장소인지 확인해보라. 예를 들어, 폭력이 일어날 조짐이 보이거나 신체적 안전이 염려가 되는 상황이라면 용서의 문제를 이야기하기에 적당한 장소가 아니다. 또한 심리적으로 마음 놓고 이야기할 수 있는 장소인지 혹은 관계가 심각한 상황으로 빠질 수 있는 분위기나 상황은 아닌지 먼저 살피는 것이 중요하다.

관계 속에서 경험되는 안정감이란 대화 기술을 사용하여 내 자신이나 상대방의 공격성에 대해 이야기할 수 있을 때 생기는 감정이다.

지금까지 배운 대화 기술은 자신의 생각과 느낌, 걱정과 바람들을 효과적으로 표현할 수 있도록 도와주며 동시에 서로의 관점을 이해하고 공감하는 제도적인 안정장치가 되어준다는 사실을 배웠다. 이 같은 안전장치 아래서 지금까지 배운 '경험 도표'에 따라 대화를 진행해가다 보면 떨어지는 낙엽처럼 방어적인 감정이 없어지고 서로를 향하여 보다 편하고 부드러운 감정으로 나아가게 된다.

마음속에 있는 변호사를 내쫓아라

우리는 흔히 누군가 잘못을 하면 머릿속으로 이렇게 셈을 한다. '누가 먼저 원인 제공을 했는가?', '누가 더 많이 잘못했는가?'를 따져보는 것이다. 그러고는 더 많이 잘못한 사람이 용서를 빌어야 한다고 생각한다. 하지만 이런 사람들에게 내가 부탁하는 한 가지 조언이 있다. 그것을 나는 '10:90 법칙'이라고 부른다. 90퍼센트를 잘못한 사람이 먼저 용서를 빌어야 한다는 생각을 뒤집는 법칙이다. 이 법칙은 90퍼센트를 잘못한 사람이 용서를 비는 것이 당연하지만 10퍼센트를 잘못한 사람도 자신의 잘못한 부분에 대해서 사과하고 용서를 빌어야 한다는 것이다. 상대방이 원인 제공을 했고, 잘못의 경중을 다는 저울에 달아보았을 때, 상대방이 훨씬 더 많이 잘못을 했다고 해서, 상대방만 용서를 구해야 한다는 생각을 접어두고 내가 잘못한 부분은 없는지 생각해보자는 것이다. 만약 상대방의 잘못에 대해 내가 반응을 잘못해서 상대방의 마음을 상하게 했다면 그것은 내 잘못임을 인정하고 그 부분에 대해서 사과하고 용서를 구해야 한다. 이런 조언을 하면 억울하다고 생각하는 사람들이 있다. 아니, 그게 말이 되는 소리냐고 반문하는 사람도 있다.

하지만, 나는 이 법칙을 지켜보려고 애를 쓴다. 가령 우리 아이들이 잘못한 것 때문에 내가 화가 나서 소리를 지르며 자존심 상하게 하는 말을 했다고 하자. 아이가 잘못했다고 해서 화를 내며 소리를 지르는 것이 당연한 처사인가? 그렇지 않다. 화가 났더라도 소리 지르지 않고, 조용하게 그 문제를 다룰 수 있다. 또한 화가 났다고 자존심 상하게 하는 말을 할 필요도 없다. 그런데 소리 지르며 자존심 상하게 하는 말을 한 것은 분명 나의 잘못이다. 아이가 설령 90퍼센트를 잘못했다 하더라도 내가 아이에게 상처준 10퍼센트에 대해서 잘못을 인정하고 사과와 용서를 구하자는 것이다.

"엄마가 소리 질러 미안해, 엄마가 너 자존심 상하게 하는 말을 해서 미안해. 엄마 용서해줘."라고 말이다. 이럴 때 우리는 '피차 용서를 구하고 피차 용서해주기'라 말할 수 있다. 이른바 '10:90' 법칙이다.

내가 인도하던 대화 세미나 중 '용서 기술'을 배우고 난 후 소감을 발표하던 한 사람을 잊을 수 없다.

"10:90 법칙은 제게 큰 충격을 주었습니다. 그동안 저는 변호사의 판가름대로 더 많이 잘못한 사람이 용서를 빌어야 한다고 생각했는데, 그게 아니라는 사실을 깨달았습니다. 이 수업 이후로는 상대방이 90퍼센트 잘못을 했을지라도 행여 내가 잘못한 10퍼센트의 부분은 없는지 깊이 생각해볼 것이며, 자기 잘못은 생각하지 못하고, 내가 한 10퍼센트의 잘못 때문에 상처받았다고 하면 나는 그 부분에 대해 잘못을 인정하며 용서를 구할 것입니다."

"와아"

박수와 함께 듣고 있던 사람들이 감동의 탄성을 질렀다. 당신도 그렇게 할 수 있겠는가?

'10:90 법칙'은 마음속에서 변호사의 활동을 멈추게 하는 것이다. 많은 경우 우리는 상대방의 잘못에 대해서는 지나치게 가혹하게 다루면서, 자신의 잘못에 대해서는 관대하게 다루거나 변명을 하려고 한다. 만약 우리가 이처럼 방어적인 태도를 갖거나 잘잘못을 따지는 일에 초점을 맞춘다면 용서를 구하거나 용서하기가 어려워진다. 제대로 용서하려면 우리 머릿속에 자리 잡고 있는 변호사를 해고시켜야 한다. 그렇지 않으면 끝없는 언쟁과 갈등으로 분노의 악순환을 끊어버리지 못할 것이다. 변호사를 해고하고, 그 대신에 자신의 처지에 공감해줄 수 있는 사람에게 자신의 생각과 감정을 표현하는 것으로 대체하자.

무슨 일이 일어났는지 이야기하라

용서를 구하거나 용서를 빌 경우 무슨 잘못을 했는지 구체적으로 설명하기보다는 두루뭉실 넘어가고 싶은 마음이 우리에게 있다. "내가 무조건 다 잘못했어. 그러니까 용서해줘."라고 하거나 "과거 일은 모두 덮어두고 새롭게 시작하자."라는 식으로 화해를 요청하는 것이다. 하지만 진정성이 담긴 용서가 되기 위해서는 자존심이 상하고 힘들더라도 잘못한 일에 관한 보따리를 풀어 헤치는 작업이 필요하다. 이미 배운 '대화의 로드맵'에 맞추어 잘못한 일에 대해 이야기를 시작한다.

용서 구하기 / 용서하기

먼저, 자신에게 상처를 준 상황이나 사건에 대해서 설명을 한다. 그리고 그 사건에 대해서 어떻게 생각하고 있는지, 염려나 관심사는 무엇인지, 그 상황으로 인해 어떤 감정을 갖게 되었는지, 바라는 사항은 무엇인지를 구체적으로 이야기한다.

이처럼 당신에게 상처를 준 사람이나 당신이 상처준 사람에게 생

마음을 움직이는 10가지 대화 기술

각과 걱정, 느낌과 바람을 대화 기술을 사용하여 표현하는 것이 최선의 방법이다. 이때, 서로 대화를 주고받으며 이해와 공감의 기술을 보여주도록 노력한다. 그렇게 되면 서로가 공격적이거나 상처 입힌 사건을 다른 사람의 관점으로부터 바라볼 수 있게 된다. 이처럼 다른 사람의 관점을 이해하고 공감해주는 것은 용서의 바퀴가 잘 굴러갈 수 있도록 기름칠을 해주는 것이다. 자신에게 아픔을 준 사람에게 얘기하는 것이 지금 당장 가능하지 않거나 바람직하지 않을 때라면 공감을 해줄 수 있는 다른 사람과 먼저 대화를 하면 된다. 제삼자의 공감이 긴장과 분노를 이완시켜줄 뿐만 아니라, 당신에게 통찰력을 주며 자신과 그 상황을 수용할 수 있도록 도와주기 때문이다. 공감해주는 사람에게 자신의 생각과 느낌, 걱정과 바람들을 제대로 잘 표현하고 이해를 받았다면, 용서를 구하거나 용서하기가 훨씬 수월해진다.

"미안하다"라고 말하고 용서를 구하라. 혹은 용서하라

진심 어린 사과의 말은 용서에 있어서 아주 중요한 부분이다. 당신이 만약 상대방을 공격해서 아프게 했다면, 정중하게 사과하고 용서를 구하라. 만약 당신이 공격을 받았다면, 신중히 생각한 다음 결단을 하고 "당신을 용서합니다."라고 말하라. 용서는 이성이나 감정이 아닌 의지적인 행동이다. 용서는 또한 일회적인 사건이 아니라 과정이며 이 같은 의지적인 행동은 끝이 아니고 전환점이라는 사실을 기억하자. 당신이 관계의 회복을 위해 용서를 선택함으로써 당신의 마음 깊숙이 자리 잡고 있던 무거운 돌덩이를 굴려 보내는 것이다. 결과적으로 당신은 평안과 자유를 맛보게 될 것이다. 그런 감정이 당장에 느껴지지 않는다 하더라도 시간이 지나면서 두 사람 사이에 막혔던 사랑의 강물이 다시 흐르고 관계가 회복됨을 경험하게 될 것이다.

상대에게 다정하고 친절하게 행동하라

만약 당신이 용서를 한다면, 상대방을 다정하게 대하라. 다른 사람들에게 무슨 일이 있었는지 말하지 말고, 상처준 사람에게 그 사람의 잘못에 대해 다시 언급하지도 말라. 이 모든 것들을 그만두고 친절하게 행동하라. 기분 좋은 목소리로 말하고 공감해주며 상대방을 배려하라. 상대방의 장점을 찾아보라. 마음속에 변호사가 다시 고개를 들 때마다 그를 해고하고 다정하게 행동하라. 이런 사랑의 훈련을 통해 당신은 전보다 더 너그럽고 성숙한 사람으로 변화해갈 것이다.

만약 당신이 용서를 구하고 있다면, 당신이 공격한 사람에게 다정한 방법을 이용해 다가가라. 당신의 공격을 철회하라. 더 이상 공격을 하지 않기 위해 행동을 변화시켜라. 앞으로 더 잘할 거라는 걸 보여주고 친절하라. 기분 좋은 목소리로 말하라. 공감과 배려하는 행동을 하라. 상대방의 장점을 찾아보라. 당신이 죄책감을 느끼고 부당하게 대접받았다고 느낄 때마다 다정하게 행동하라. 이런 노력과 훈련

마음을 움직이는 10가지 대화 기술

을 통해 전보다 훨씬 더 다정한 사람으로 거듭날 수 있을 것이다.

필요할 때마다 위의 단계를 반복하라

용서하는 것이 쉽지 않다는 사실을 우리는 익히 알고 있다. 우리 안에서 틈만 나면 고개를 내미는 내면의 변호사는 우리의 머릿속에 머물고 싶어 한다. 그때마다 잘잘못을 따지고, 잘못의 정도를 저울질하는 변호사를 끊임없이 내쫓는 작업이 필요할 것이다. "미안하다."라는 말을 하고 또 해야만 할 수도 있다. "당신을 용서한다."라는 말을 반복해야 할 수도 있다. 판단을 멈추고 상대방을 향한 연민과 자비의 마음을 행동으로 보여주는 것이 중요하다. 상처의 치유가 당신의 영혼에 조용한 비처럼 내릴 때까지 다정한 행동들을 수없이 반복해야 할 수도 있다. 의지적으로 친절한 행동을 반복하면서 부정적인 감정이 생길 때면 표현 기술을 통해 그 감정을 날려 버려라. 이처럼 용서를 선택하고 배려의 행동에 전념할 때 끔찍한 상황에서조차도 용서가 일어날 수 있음을 경험하게 될 것이다.

'용서 기술'에 대해 쓰는 동안 정채봉 시인의 「상처 없는 새가 어디 있으랴」란 시가 자꾸만 떠오른다.

상처를 입은 젊은 독수리들이 벼랑으로 모여들기 시작했다.
날기 시험에서 낙방한 독수리.

짝으로부터 따돌림을 받은 독수리.

윗 독수리로부터 할큄당한 독수리.

그들은 이 세상에서 자기들만큼 상처가 심한 독수리는 없을 것이라고들 생각했다.

그들은 사는 것이 죽느니만 못하다는 데 금방 의견이 일치했다.

이때, 망루에서 파수를 보던 독수리 중의 영웅이 쏜살같이 내려와서 이들 앞에 섰다.

"왜 자살하고자 하느냐?"

"괴로워서요. 차라리 죽어 버리는 것이 낫겠어요."

영웅 독수리가 말했다.

"나는 어떤가? 상처 하나 없을 것 같지? 그러나 이 몸을 봐라."

영웅 독수리가 날개를 펴자 여기저기 빗금 친 상흔이 나타났다.

"이건 날기 시험 때 솔가지에 찢겨 생긴 것이고, 이건 윗 독수리한테 할퀸 자국이다. 그러나 이것은 겉에 드러난 상처에 불과하다. 마음의 빗금 자국은 헤아릴 수도 없다."

영웅 독수리가 조용히 말했다.

"일어나 날자꾸나. 상처 없는 새들이란 이 세상에 나자마자 죽은 새들이다. 살아가는 우리 가운데 상처 없는 새가 어디 있으랴!"

참으로 그러하다. 시인의 말이 정말 맞다. 인간인 우리들만 상처 입은 줄 알았는데 새들도 상처 입고 산다. 그렇게 따져보니 이 세상에 존재하는 모든 만물은 다 상처를 받으며 살아간다.

이처럼 모두가 상처받고 살아가는데, 어떤 사람에게는 상처가 자신과 이웃의 삶을 무너뜨리는 파괴적인 힘이 되기도 하고, 어떤 사람에게는 그와는 전혀 다른 성숙과 사명으로 나아가는 힘이 되기도 한다. 한 사람은 자신에게 상처준 사람을 평생 탓하며 살아가고 다른 한 사람은 같은 상처를 안고도 평화와 감사를 맛보며 살아가고 있다. 무엇이 이처럼 다른 차이를 만들어내는가? 이 질문에 대한 답은 '상처를 어떻게 받아들이고 해석하며, 상처를 어떻게 극복해내고, 그것을 통해 무엇을 배우는가?'에 따라 하늘과 땅 같은 차이를 가져온다고 생각한다.

한 사람은 상처준 사람을 용서하기로 하고 한 사람은 결코 용서하지 않을 거라는 선택을 한다. 선택의 결과는 무엇인가? 자신의 마음 속에 상처준 사람에 대한 원망과 미움, 원한과 저주를 채워 자신의 마음을 지옥으로 만드는 것이다. 자신이 선택한 결과대로 돌려받는 것이다. 용서를 선택한 결과는 '마음의 평화와 안녕'만 아니라 자신의 건강'을 선물로 받는다. 그러므로 용서는 나를 살리기 위해서 하는 의지적인 결단이요 선택이며, 상대방을 놓아주기 이전에 원한과 고통이라는 감옥에 갇힌 나를 먼저 풀어주는 것이다.

이 장을 마무리하면서 당신을 향한 나의 간절한 바람이 있다. 당신이 용서의 혜택을 마음껏 누리는 현명한 사람이 되는 것이다. 새뮤얼 존슨의 말을 기억하는가?

"현명한 사람이라면 용서를 서두를 것이다. 시간의 가치를 아는 사람으로서, 불필요한 고통으로 그 시간을 괴롭게 보내고 싶지는 않을 테니까."

당신이 '용서 기술'을 먼저 배운 사람으로 이 기술을 실천하고, 또한 당신이 사랑하는 사람들에게 이 기술을 가르쳐주므로 그들도 마음의 평화를 누리고 살도록 도울 수 있기를 바란다. 그렇게 될 때 당신은 분명 아픈 상처를 싸매주는 치유자요, 분쟁과 갈등이 끊이지 않는 세상에서 '평화의 도구'가 될 것이다.

용서 기술 포인트

1. 용서의 필요성을 인정하라.

2. 용서를 위한 안전한 환경을 만들라.

3. 마음속에 있는 변호사를 내쫓아라.

4. 무슨 일이 일어났는지 이야기하라.

5. '미안하다.'라고 말하고 용서를 구하라. 혹은 용서하라.

6. 상대에게 다정하고 친절하라.

7. 필요할 때마다 위의 단계를 반복하라.

관계 향상시키기

1. 내가 용서를 구해야 할 사람이 있는지 가족부터 생각해보세요. 나 때문에 상처받았을 배우자, 부모나 자녀, 친인척과 친구들, 동료들에게 위의 7단계를 기억하며 용서를 구하세요.

2. 혹시 내가 용서해주어야 할 사람이 있나요? 그들이 용서의 손을 내밀 때, 마음을 열고 다가가 용서를 선물해줄 사람은 누구인가요? 위의 단계들을 생각해보며 용서의 과정을 실천해보세요.

3. 나에게 큰 상처를 주고도 용서를 구하지 않는 사람이 있나요? 만약 당신이 받은 상처의 뿌리가 너무 깊고 복잡한 것이거나 상대방이 당신 주변에 없는 경우라면 어떻게 할까요? 당신 혼자 용서의 과정을 밟기 어렵다고 판단되면 전문 상담자를 찾아 도움을 얻거나 '치유나 용서 프로그램'에 참여하여 용서를 실천할 수 있나요?

7

이해와 공감을 기초로 한
문제 해결 기술

문제란 마치 세탁기와 같은 것이다. 그들은 우리를 비틀어 짜고, 우리를 빙빙 돌

리기도 하고 거칠게 다룬다. 그러나 결국에는 우리를 더 깨끗하게 하고 더 밝게

하고, 전보다 더 좋은 상태로 만들어준다. 무명

인생이란 문제를 해결해야 할 기회의 연속이다. 우리에게 닥친 문제는 우리가

그 문제에 대해 어떻게 반응하느냐에 따라 우리를 넘어뜨리든지 혹은 발전시키

든지 할 것이다. 릭 워렌

문제 없는 삶은 없다. 인생이란 문제를 품고 살아가는 것이다. 혼자

마음을 움직이는 10가지 대화 기술

살아가도 문제는 늘 생기는데, 누군가와 더불어 살아가는 삶이라면 문제는 더 복잡해지고 더 많아진다. 저마다 생각과 감정이 다르고, 환경과 성장배경이 다르며 관심사가 다르기 때문에 두 사람 사이에 갈등이 생기고 문제가 일어나는 것이다. 얼마 전 여행에서 돌아온 사람이 선물이라며 조그마한 액자 하나를 주었다.

그 액자에는 영어로 "문제가 없다면 당신은 거의 죽은 것이나 다름이 없다."라고 쓰여 있었다. 그 문구를 한참 동안 바라보고 있는데 내 어깨 너머로 그 액자를 본 아들이 "엄마, 이건 너무 무서운 말인데요. 문제가 없다는 말은 죽은 거나 마찬가지라고요? 그럼 문제가 끝나면 삶이 끝난다는 뜻이네요."

"그래, 맞아. 끔찍한 일이지만 그게 사실이야. 살아 있는 한 문제를 피해갈 수 없지."

삶이 이처럼 해결해야 할 문제로 가득 찬 것이라면 우린 일찍부터 문제 해결법에 대해 배워야 했고 지금쯤은 문제 해결의 도사가 되어 있어야 한다. 그런데 우리는 어떤가?

결혼한 지 8년차 되는 부인이 내게 이런 이야기를 했다.

"원장님, 우리는 문제가 생기면 그 문제에 관해서 이야기를 잘 하는 편이에요. 그리고 문제해결을 위해서 각자 할 일에 대해서 결정을 하고, 서로 노력하자고 약속도 해요. 그런데 조금 지나고 나면 그 문제가 해결이 안 된 채 그대로 남아 있는 거예요. 그래서 서로 기분이 언짢아지는 일이 계속 반복돼요. 왜 그럴까요?"

이유는 간단하다. 토의는 하지만 문제가 해결되지 않는 이유는 '문제 해결 기술을 잘 모르거나 제대로 사용하지 않았기 때문'이다. 그럼 문제 해결 기술을 사용해서 대화를 나누면 과연 문제가 해결될 수 있을까? 그렇다. 대부분의 문제가 해결될 수 있다.

대화 기술 세 번째가 토의 기술이다. 해결해야 할 문제가 생기거나 결정해야 할 일이 있을 때 사용하는 기술이다. 토의 기술에서 중요하게 사용되는 '표현 막대기'는 자기 차례가 올 때까지 기다렸다가 순서가 되면 이야기하고, 그 다음에는 듣고 이해하면서 한 사람이 대화를 주도하던 잘못된 습관을 버리고, 두 사람 모두 자신의 생각을 충분히 이야기하도록 돕는 탁월한 대화 도구다. 토의 기술에서는 표현 막대기가 아주 중요한 역할을 했는데 문제 해결 기술에서는 '문제 해결 실습장'이 중요한 역할을 한다. 충분한 토의 끝에 문제 해결 실습장에 구체적으로 누가 무엇을 언제 할 것인지에 관해 기록을 한다. 이처럼 결정사항을 기록하느냐 하지 않느냐가 문제 해결을 가져올 것인지 그렇지 않을 것인지를 가늠해준다.

문제 해결 기술은 토의 기술에 이어지는 대화 기술로써 동의가 필요하거나 결정을 해야 할 때, 혹은 계획을 세워야 할 때 사용한다. 서로의 입장과 필요를 충분히 나누고 이해와 공감을 통해 합의점에 이르게 하며 두 사람 모두가 만족스런 해결책을 얻도록 돕는 기술이다.

마음을 움직이는 10가지 대화 기술

문제가 생겼을 때 문제를 해결하는 방법에는 다음의 두 가지가 있다. 먼저, 아래의 도표에서 보는 바와 같이 간단한 문제라면 토의 기술을 사용하여 대화하는 과정에서 문제가 해결될 수 있다.

하지만 위의 도표에서 보는 바와 같이 토의 기술에서 해결되지 않는 복잡하거나 시간이 걸리는 문제, 혹은 여러 절차가 필요한 경우라면 토의 기술에서 한 걸음 더 나아가 문제 해결 기술을 사용하므로

문제를 해결하는 것이 좋다. '문제 해결 기술'이란 두 사람이 충분히 토의한 바를 '문제 해결 실습장'에 옮기고, 옮겨 놓은 실습장에 따라 하나하나 실행해가면서 해결책에 도달하는 과정이다.

문제 해결에 대해 연구한 학자들의 견해를 살펴보면 학자에 따라 문제 해결 방법이나 단계는 조금씩 다르지만 기본 골격은 거의 비슷하다. 그중에서 가장 기본적이고 대표적인 문제 해결 모델이 있다면 그것은 존 브랜스포드(John Bransford) 박사의 'IDEAL 모델'일 것이다. 그는 미국뿐 아니라 전 세계적으로 심리학과 교육학 분야에서 잘 알려진 학자로서 벤더빌트, 피바디, 워싱턴 대학 등에서 학생들을 가르친 교수이자 학습과 기억, 문제 해결 능력에 대해 여러 권의 책들을 저술하고 수많은 연구 논문을 발표함으로 심리학에 인지의 혁명을 불러온 장본인이다. 특별히 그가 오래 전에 개발한 수학과 과학 분야에서 사용하는 '문제 해결 시리즈'는 30년이 지난 지금도 전 세계의 많은 학교들에서 사용되고 있을 정도다. 존 브랜스포드 박사는 그의 동료인 베리 스테인(Barry S. Stein) 박사와 『아이디얼 문제 해결사(The Ideal Problem Solver)』를 공저했는데, 이 책을 통해 그들은 구체적이고 단계적으로 문제를 해결할 수 있도록 안내해주고 있다. 이 문제 해결 모델은 영어 단어 I.D.E.A.L.의 첫 자를 따서 '문제 해결을 위한 다섯 단계'를 제시해준다. 첫째로 I는 'Identify problem'의 약자로, '문제가 무엇인가를 찾아보자.' 둘째 D는 'Define problem'으로 '그것이 왜 문제가 되는지 이유를 규명하자.' 셋째 E는 'Examine options and solutions'로 '문제 해결 방법을 살펴보자.' 넷째 A는 'Act on a plan'

마음을 움직이는 10가지 대화 기술

으로써 '결정사항을 실행에 옮기자.' L은 'Look at consequences', '결과를 평가해보자.'다.

이와 같은 문제 해결 5단계는 개인적으로 문제를 해결해야 할 때나 여러 사람이 함께 문제를 해결해야 할 경우 모두 효과적인 방법이다. 특별히 감정적으로나 업무적으로 엮여 있는 인간관계 속에서 발생한 문제나 친밀한 가족관계 속에서 발생한 문제들은 다음에 나오는 '문제 해결 기술 실습장'을 활용하면서 문제 해결의 과정을 따라가다 보면 모두가 만족스럽게 문제가 해결되는 것을 경험하게 된다.

문제 해결 실습장(IDEAL Problem Solving Sheet)

1. 문제(Identify the Problem)

2. 문제가 되는 이유, 염려와 걱정(Define problem or core concerns)

자신의 주요 관심사나 염려	상대방의 주요 관심사나 염려

3. 문제 해결 전략(Examine options and solutions)

1) 일반적 합의 사항

2) 행동 세부 사항들

누가	무엇을	언제/ 어디서	어떻게

특별한 상황	평가 날짜

4. 결정사항 실천하기 (Act on a plan)

5. 결과 평가하기(Look at the consequences)

마음을 움직이는 10가지 대화 기술

Identify problems 문제에 관해 토의할 시간을 가져라

이 단계에서 사용되는 기술은 이해의 기술과 표현의 기술을 합한 토의 기술이다. 이때 표현 기술에서 배웠던 경험 모델에 따라 문제에 대해 토의를 한다. 또한 토의 기술에서 배웠던 '표현 막대기'도 사용하면서 대화를 주고받는다.

토의의 주된 내용은 '문제가 무엇인지에 관해 그리고 문제에 대한 생각과 감정이 어떤 것'인지에 관해 시간에 구애받지 않고 충분히 이야기를 나눈다. 이는 문제 해결 기술의 첫 단계이자 가장 중요한 단계이기도 하다. 왜냐하면 이런 나눔을 통해 문제 때문에 나뉘었던 서로의 생각과 감정이 하나로 모아질 수 있는 시간이기 때문이다. 뿐만 아니라 문제에 관련된 각자의 생각과 감정을 나누는 것은 문제 해결에 중요한 정보를 제공해준다. 대부분의 사람들은 문제와 관련된 생각과 감정을 나누는 것이 왜 중요한지, 왜 필요한지를 잘 모른다. 문제와 관련된 생각과 감정을 나누는 것은 시간을 낭비하는 불필요한 일이라고 생각한다.

하지만 결코 그렇지 않다. 많은 경우에, 문제 해결책에 대해 빤히 알고 있으면서도 서로에 대한 감정이 좋지 않거나 혹은 관계가 좋지 않을 경우, 문제 해결에 적극적인 자세보다는 소극적이거나 부정적이 되기 쉽다. 다시 말하면 가슴에 응어리진 게 있으면 문제 해결이 잘 안 된다는 것이다. 그러므로 문제와 관련하여 각자의 생각과 감정을 충분히 나누는 것은 문제를 효과적으로 풀기 위해 반드시 필요한 과정이다. 가슴이 풀리면 문제도 쉽게 풀릴 수 있기 때문이다. 그러므로 생각과 감정에 대해 이야기를 나누는 동안에는 서둘러 문제 해결책을 찾고 싶은 유혹을 보류하는 것이 좋다. 그렇지 않으면 상대방의 생각과 감정을 집중해서 들을 수 없고, 결과적으로 이해와 공감의 결여로 인해 문제를 풀어가기 힘들어진다. 두 사람 모두가 자신의 생각과 감정을 충분히 이야기하고 서로의 입장과 감정에 대해 두 사람 모두 이해하고 두 사람 다 공감받았다는 확신이 들면 상호 간에 만족스런 합의점에 이르게 되고 생각보다 쉽게 문제가 해결된다.

마음을 움직이는 10가지 대화 기술

Define problem or concerns 문제가 되는 이유에 관해 이야기하라

IDEAL의 두 번째인 D는 문제가 되는 이유를 규명하고 '왜 문제가 되는지'를 허심탄회하게 나누는 단계다. 위의 '경험 모델'에서는 왼쪽 가운데에 위치한 '염려나 관심' 부분이다. 문제가 되는 이유를 깊숙이 들여다보면 그 문제로 인해 생기는 걱정 때문일 경우가 많다. 그 염려가 한 가지일 수도 있겠고 두세 가지가 될 수도 있다. 두 사람이 모두 만족스러운 해결책을 찾으려면 이러한 염려가 반드시 논의되어야 한다. IDEAL의 첫 단계에서 문제에 관한 자신의 생각과 감정을 나누는 것이 중요하듯이 문제에 관련된 '관심사나 걱정거리'를 이야기하는 것도 빠뜨려서는 안 되는 중요한 요소다. 만약 한 달 살림 예산에 대해 이야기하고 있다면 한 사람의 걱정거리는 제때 내야 하는 청구서일 수 있고, 다른 사람의 염려는 자신의 용돈 사용과 씀씀이를 줄여야 하는 것일 수 있다. 이처럼 관심이나 염려를 진솔하게 나누면 서로를 향한 이해와 함께 상대방을 위해서 걱정거리를 덜어주고 싶다는 생각을 하게 된다. 결과적으로 서로를 위해서 '좋은 해결책'을 찾고자 함께 노력하게 된다. 그러므로 좋은 해결책이란 '각자의 염려'를 만족시킬 수 있는 것이어야 한다.

Examine options and solutions 서로에게 유익한 해결책을 찾아라

IDEAL의 세 번째 단계 E는 서로의 걱정과 염려를 덜어주는 만족할 만한 해결책이 무엇인지 찾아보는 단계다. 문제를 빨리 해결하기 위해 대충대충 적당하게 타협하지 말고 상상력을 동원하여 '창의적인 해결책이나 방법'들이 무엇인지 살펴본다. 처음부터 무엇이 더 좋은지 나쁜지를 가리는 판단을 보류하고, 머리에 떠오르는 즉흥적인 방법들을 '브레인스토밍(Brainstorming)'하면서 가능한 한 많은 선택 항목들을 생각해본다. 어떤 사람은 기막힌 아이디어가 곧장 떠오를 수 있겠지만, 다른 사람은 그렇지 않을 수도 있다. 그러므로 두 사람 모두에게 만족스런 해결책을 찾기 위해서는 서로 머리를 맞대고 좋은 방법들을 찾아보아야 한다.

이와 같은 방법으로 선택 항목들에 관한 생각과 감정을 나누면서 서로를 이해하고 공감하게 되면 상대방이 제안한 새로운 아이디어들을 보다 유연하게 받아들일 수 있게 된다. 토의를 시작하면서 이미 한 가지 제안을 마음속에 갖고 있을 수도 있겠지만 상대방의 이야기를 들으면서 그의 해결책이 더 나은 방법이라고 생각할 수 있게 된다. 상대방도 역시 같은 생각을 할지도 모른다. 이것이 바로 문제를 해결하는 과정 속에서 경험하는 '승승', 즉 두 사람 모두 승리하는 방법이다.

1. 상대방의 제안을 경청하기 위해 대화의 기술을 사용하라.

각자의 해결책이 서로의 필요를 어떻게 채워주는지에 대해서 이야기하라.

2. 일반적인 합의를 먼저 하고, 그 다음에 세부적인 사항에 대해 토의하라.

문제 해결의 방안을 찾는 동안에도 대화의 기술을 활용하도록 한다. '일반적인 합의'를 먼저 하고 한 사람이 해결책을 제시하면, 다른 쪽은 공감을 해준다. 그런 후에 다른 사람은 표현 기술을 사용하여 그러한 제안에 대한 자신의 생각과 감정을 이야기한다. 보통 긍정적인 면을 먼저 이야기한 후에 염려에 대해 말하는 것이 도움이 된다. 두 사람이 모두 만족할 만한 공동의 합의점을 찾을 때까지 이 과정을 반복한다.

'일반적인 합의점'을 결정한 후에는 이 합의점에 도달할 수 있도록 세부적인 사항에 대해 이야기를 나누게 되는데, 이때는 구체적으로 누가 무엇을, 언제, 어디서, 어떻게 할 것인가를 결정하여 이를 '문제 해결 실습장'에 기록한다. 일반적인 합의사항을 결정해놓고도 문제 해결까지 가지 못한 이유는 세부사항에 대해 구체적으로 결정하고 기록해두지 않은 경우가 많다. 아주 단순한 것이라 해도 기록하는 것이 좋다. 이렇게 함으로써 서로가 결정하고 계획한 바를 끝까지 실행할 수 있게 된다.

3. 특별한 상황에 대해 고려하라.

세웠던 계획에 차질이 생길 수도 있다. 그러한 경우는 '특별한 상황'에 해당된다. 가족 중 누가 아프다든지, 예기치 않았던 수리비용이 생긴 것도 '특별한 상황'에 해당된다. 이 같은 특별한 경우에 대비해 계획을 세우는 것이 필요하다. 그렇게 함으로써 삶의 여러 정황들이 계획을 빗나가게 할지라도 그 계획을 실행하도록 도와주기 때문이다.

4. 각자가 해야 할 일에 대해 모두 이해하고 있는지 확인하라.

문제 해결 실습장을 작성한 후에 서로가 해야 할 일에 대해 정확히 알고 있는지 확인하는 것이 좋다. 만약 남편이나 자녀가 설거지를 하기로 결정했을 경우 '설거지를 하는 것'이 어떤 의미인지 구체적으로 이해할 필요가 있다. '설거지하는 것'에 싱크대 주변까지 깨끗이 하는 것이 포함되는지, 접시들을 찬장 안에 정돈하는 것까지도 포함되는지 등에 대해 합의하면 차후의 오해나 실행에 착오가 생기지 않을 것이다. 많은 경우 부부 싸움이 일어나는 것은 부부가 서로 다른 기대치를 가지고 있기 때문이다. 그러므로 서로의 기대치를 동일하게 하는 것은 매우 중요하다. 그런 점에서 논의를 마치기 전에 '문제 해결 실습장'에 기록된 내용을 처음부터 끝까지 제대로 이해했는지 반드시 검토하도록 한다.

Act on a plan 결정한 바를 실행하라

문제 해결 실습장에 기록한 세부사항을 일정표에 따라 실천하라. 결정한 계획을 한 주 혹은 두 주 동안 실천해보고 그것이 어떻게 되는지 살펴보면 일정표에 따라 실행하기가 수월해진다.

실천을 위해 자신과 상대방을 변화시키는 기술을 활용한다. 시간이 지나면서 문제 해결을 위해 어떤 노력이 이루어지는지 살펴보면서 필요하다면 수정한다. 아무리 훌륭한 계획이라도 활용하지 않으면 소용이 없다.

Look at the consequences 실행 과정과 결과를 평가하라

어떤 계획은 완벽하게 이루어질 것이다. 하지만 어떤 계획은 약간의 수정이 필요하거나 새로운 계획으로 바꿀 수도 있다. 계획을 수정할 필요가 있다면 대화 기술을 계속 활용하면서 계획을 재검토하는 것이 중요하다. 또한 문제가 해결될 때까지 서로가 약속한 부분을 실행하면서 그동안에 배운 점이나 새롭게 발견한 사실, 좋았던 점과 힘들었던 점까지를 진솔하게 나누는 시간은 부부관계나 가족관계를 더 깊고 친밀한 관계로 이끌어준다. 단순히 문제 해결로 끝나는 것이 아니고, 문제를 함께 풀어가면서 공동의 노력을 하는 동안에 느끼는 연대감과 일체감, 노력하는 상대방의 도움으로 문제가 해결되었다는 사실 앞에 서로에 대한 깊은 감사와 소중함이 새롭게 경험되는 시간이다. 그런 의미에서 평가하는 시간은 문제 해결 과정 중에 뺄 수 없는 요소가 되는 것이다.

이 기술을 배우고 실천한 사람들은 이구동성으로 '토의 기술로 해결되지 않았던 문제들이 문제 해결 실습장을 사용하면서 신기하게 해결되었다.'는 이야기를 하곤 한다. 앞부분에서 문제 해결에 어려움을 겪었던 8년차 부부도 문제 해결 실습장에 따라 계획하고 실천하면서 오래 묵은 문제들이 해결되었다고 고백했다. 그동안 말뿐이었던 결정과 결심 때문에 서로 실망하고 서운한 마음이 많았는데, 이 기술을 실천하면서 문제가 해결되는 경험은 부부 관계에 흥분과 기쁨 그리고 감사의 마음을 안겨준다.

이처럼 서로가 만족스러운 쪽으로 문제를 풀어가다 보면 부부관계에 대하여 자신감도 생기고 부부관계가 한층 더 돈독해진다. 한 문제라도 두 사람 모두 만족하는 쪽으로 문제를 해결하게 되면, 부부관계에 큰 변화가 일어난다. 일단 자신과 상대방이 그 누구도 지고 이기는 것 없이 문제를 풀어 나갈 수 있게 되면 무언가 경이로운 일이 저절로 일어나는 느낌이 든다. 바로 더 이상 상대방을 '이겨야 된다'는 마음이 없어진다. 이처럼 두 사람 사이에 놓인 문제 해결법에 변화가 일어나면 그 전에 집안을 쑥대밭으로 만들던 부부 싸움 대신에 퍼즐을 끼워 맞추는 것처럼 새로운 단계의 친밀감과 연대감을 경험하게 된다.

마음을 움직이는 10가지 대화 기술

문제 해결 기술 포인트

1. 문제에 관해 토의할 시간을 가져라.

2. 문제가 되는 이유에 관해 이야기하라.

3. 서로에게 유익한 해결책을 찾아라.

4. 결정한 바를 실행하라.

5. 실행과정과 결과를 평가하라.

관계 향상시키기

1. 부록 5에 있는 '문제 해결 실습장'을 이용하여 문제 해결 기술을 실습해보
세요. 부록에 나와 있는 실습장을 여러 장 복사해두고, 필요할 때마다 사용
하세요. 컴퓨터 세대들은 컴퓨터나 아이패드, 스마트폰에 템플릿을 만들
어두고, 문제를 해결해야 할 경우마다 '문제 해결 실습장'에 적어가며 문제
를 풀어보세요. 그리고 이 기술을 사용하기 전과 사용한 후가 어떻게 달라
졌는지 서로 이야기해보세요.

8
나를 먼저 바꾸는
변화 기술

우리 자신이 변하면 우리는 이 세상을 바꿀 수 있다. 우리 자신을 바꾸는 것은

우리가 매일 쓰는 언어와 대화 방식을 바꾸는 데서 시작한다. 마셜 로젠버그

모든 사람들은 세상이 변화되어야 한다고 생각한다. 하지만 아무도 자신의 변

화에 대해서는 생각하지 않는다. 톨스토이

마음을 움직이는 10가지 대화 기술

나와 아내는 달라도 너무 다르다.

나는 오른손잡인데 아내는 왼손잡이다.

그래서 습관에 따라 국그릇을 왼쪽에다 잘 갖다 놓는다.

별것 아닐 것 같은 그 차이가 신경을 건드린다.

거기다 나는 종달새 형이다.

새벽시간에 일어나 설친다.

늦잠을 자면 무조건 게으르다고 여긴다.

그런데 내 아내는 올빼미 형이다.

밤새 부엉부엉 하다가 새벽녘에야 잠이 든다.

도대체 맞는 구석이 없다.

나는 물 한 컵을 마셔도 마신 컵은 즉시 씻어 둔다.

누군가가 해야 할 일이고, 언제 해도 할 일이며

내가 다시 손을 댈지 모를 일 아닌가 말이다.

그런데 내 아내는 그게 안 된다.

찬장에서 꺼내 쓸 그릇이 없을 때까지 꺼내 쓰다가

한꺼번에 씻고 몸살이 난다.

나는 미리 준비하는 스타일이다. 그런 나와 달리

아내는 떠나야 할 시간에 화장한다고 정신이 없다.

다가가서 보면 참으로 가관이다.
화장품 뚜껑이라는 뚜껑은 다 열어 놓고 있다.

나는 그게 안 참아진다.
나도 모르게 버럭 화를 낸다.

"아니, 이렇게 두고 외출했다 집에 돌아오면 향 다 날아가고.
뭐 땜에 비싼 돈 주고 화장품을 사. 차라리 맹물을 찍어 바르지.
확 부어 버려. 맹물 부어 줄까? 그래."

거기다 나는 약속 시간에 늦은 적이 거의 없다.
나중에는 견디다 못해 성경책까지 들이밀었다.
"여보, 예수님이 부활만 하시면 됐지,
뭐 때문에 그 바쁜 와중에
세마 포와 수건을 개켜 놓고 나오셨겠어?
당신 같이 정리정돈 못하는 사람에게 정리정돈이 얼마나 중요한지
말하고 싶으셨던 거야. 그게 부활의 첫 메시지야.
당신 부활 믿어. 부활 믿냐고?"
그렇게 아내를 다그치고 몰아세울 때 하늘의 음성을 들었다.
"야, 이 자식아, 잘하는 네가 해라. 이놈아,

마음을 움직이는 10가지 대화 기술

안 되니까 붙여놓은 것 아니냐."

너무 큰 충격이었다.

생각의 전환, 그렇게 나 자신을

아이스 브레이킹(Ice breaking)하지 않으면 안 되었다.

----- 중략 ----

그때부터 아내를 대하는 내 태도가 바뀌었다.

아내가 화장한다고 앉아 있으면 내가 다가가 물었다.

"여보, 이거 다 썼어? 그러면 뚜껑 닫아도 되지. 이거는?

그래, 그럼 이것도 닫는다."

이제는 내가 뚜껑을 다 닫아준다.

그런데 놀라운 일은 그렇게 야단을 칠 때는 전혀 꿈쩍도 않던

아내가 서서히 변해 가는 것이다.

잘 닫는 정도가 아니라 얼마나 세게 잠갔던지

이제는 날더러 뚜껑 좀 열어 달라고 한다.

아내의 변화가 아닌 나의 변화,

그렇게 철이 든 내가 좋아하는 기도가 있다.

"제가 젊었을 때는 하나님에게

세상을 변화시킬 만한 힘을 달라고 기도했다.

하지만 중년이 되었을 때 인생이 얼마나 덧없이
흘러가는지를 알게 되었다. 그래서 저와 함께
평안히 살도록 인도해 달라고 기도했다.

하지만 늙어 여생을 돌아보게 되었을 때
나는 나의 우둔함을 깨달아 알게 되었다.
내가 지금 드리는 기도는 나를 변화시켜 달라는 것이다.
만약 내가 처음부터 이런 기도를 드렸더라면
내 인생은 달라졌을 것이다."

(송길원 교수)

이 시는 독자들로 하여금 고개를 끄덕이게 만든다. 그리고 큰소리로 웃게 만든다. 시 속에서 경험하는 시인의 마음이 어떤지 알기 때문이다. 정도와 실제 상황은 다르더라도 상대방을 고쳐보려고 무진장 애를 쓰던 시인의 모습이 바로 우리의 모습이기 때문이다. 그동안 부부가 함께 살면서 배우자를 고쳐보기 위해, 자녀를 고쳐보기 위해 생각나는 모든 방법들을 다 동원해서 사용했다. 설명하고 설득하고, 다그치고 협박하고, 큰소리치고 화를 냈다. 그런데 그들은 변하지 않았다. 실망과 좌절감을 맛보았다. 당신은 지금 어디에 서 있는가? 이 시의 전반부 속에 있는가? 아니면 상대방의 약한 점을 있는 그대로 수용하며 그를 도우려는 마음으로 바뀐 후반부에 서 있는가? 상대방을 고치기보다 나의 태도와 자세 그리고 방법을 먼저 바꾸는 것

마음을 움직이는 10가지 대화 기술

이 훨씬 더 현명하다는 사실을 기억하면서 변화 기술에 대해 배워보도록 하자.

행동을 바꾸는 데 얼마만큼의 시간이 필요한지에 대한 연구 논문이 2009년 유럽의 사회 심리학 저널에 발표되었다. 필리파 랠리(Phillippa Lally)와 그의 동료들이 96명의 참가자들을 대상으로 한 실험에서 새로운 습관으로 만드는 데 걸리는 시간은 약 66일 정도라고 보고했다. 여기서 그는 식사 후 과일 먹기나 매일 물 마시기 등과 같은 간단한 습관에서부터 시간이 꽤 오래 걸리는 습관까지 조사를 했다. 짧게는 18일 정도 걸린 습관이 있는가 하면 254일이나 걸린 어렵고 힘든 습관도 있었다. 아이들에게 독서하는 습관이나 공부하는 습관을 길들이는 데는 당연히 더 많은 시간이 걸릴 것이고, 매일 등하교 때 인사하기와 같이 비교적 단순하고 쉬운 습관은 짧은 시간에도 형성된다는 사실은 그의 연구 결과가 아니라도 쉽게 짐작할 수가 있다.

습관 형성에 걸린다는 66일은 이미 교육학자들도 잘 알고 있는 사실이다. 그래서 삶의 변화를 가져오는 기술 습득을 위한 프로그램을 개발할 때, 짧게는 8주에서 10주 과정, 더 이상으로는 12주 과정을 공부하도록 계획한다. 이 과정을 거치면서 첫 단계에는 지식이 습득되고, 그 다음 단계에서는 습득한 지식으로 인해 태도의 변화가 일어난다. 이러한 태도의 변화가 행동의 변화로 이어지기 때문에 커리큘럼을 개발하는 데 그와 같은 기간을 설정하는 것이다.

그런데 안타깝게도 빨리빨리 돌아가는, 인스턴트에 익숙해진 현 사회에서는 이처럼 시간이 걸려야 내 것으로 만들 수 있다고 아무리 설명을 해도 소용이 없다. 주어진 과정을 빨리 끝내고 싶은 유혹을 받기 때문이다. 그래서 프로그램을 단축하여 2박 3일, 혹은 일주일만에 전 과정을 이수하기를 원한다. 지식습득의 결과가 행동으로, 더 나아가서는 내 몸에 배인 습관으로 정착될 때에야 비로소 나의 기술이 된다고 목소리 높여 강조해도 지식 습득 차원의 과정을 수료했다는 것으로 만족하는 경우가 대부분이다. 하지만 자신의 성장과 발전 그리고 관계 향상을 원하는 사람들은 지식 습득의 수준을 넘어서 행동 영역의 변화까지 가야 한다는 사실을 깨달은 사람들을 위해 변화 기술을 꼼꼼하게 살펴보도록 하자.

위의 도표를 살펴보면 지금까지 배웠던 기술들 -이해 기술과 표현 기술, 토의 기술과 코칭 기술 그리고 갈등 해결 기술과 용서 기술- 은 두 사람 사이에 생기는 어떤 문제라도 이야기할 수 있도록 도와주었다. 그리고 앞장에서 다루었던 문제 해결 기술은 두 사람 사이나 가족간 그리고 공동체 간에 생긴 문제를 서로 만족할 만한 방식으로 해결할 수 있도록 충분한 토의를 거친 후에 문제 해결 실습장을 사용하여 문제 해결을 하도록 도와주는 기술이란 사실을 배웠다. 그

마음을 움직이는 10가지 대화 기술

런데 어떤 경우에는 문제 해결을 위해 자신이 변화되거나 상대방이 변화되지 않으면 안 될 때가 있다. 이럴 경우 '자신을 변화시키는 기술'과 '상대방의 변화를 돕는 기술'을 배워야 궁극적인 문제 해결을 할 수 있다. 먼저 '자신을 변화시키는 기술'은 자신이 결심한 변화를 성취할 수 있도록 도와주며 자신의 태도와 습관들을 변화시키기 위한 구체적인 방법들을 알려준다. 또한 변화를 위해 약속한 바를 기억하고 남의 도움을 받을 수 있게 해준다. 아래 도표를 보면 그 사실을 쉽게 이해할 수 있다.

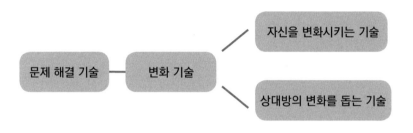

변화의 기술은 언제 필요한가?

1. 자기 계발과 성장을 원할 때

2. 건강한 생활습관을 원할 때

3. 상대방이 변화되기를 바랄 때

4. 특정한 습관이나 행동 때문에 두 사람 사이에 갈등이나 문제가 생길 때

자신을 변화시키는 기술

몇 년 전 사춘기 자녀 때문에 애를 먹고 있는 어머니 한 분을 상담했었다. 미국에 이민 와서 자식 하나 잘 키워보려고 새벽부터 밤늦게까지 일하면서 돈을 벌었고, 자신은 힘들게 살았지만 자식만큼은 잘 교육시켜서 성공하는 아들로 키우고 싶었는데, 공부엔 관심이 없고, 친구들과 어울려 다니면서 문제를 일으키니 그 엄마의 마음이 어떨지 말하지 않아도 이해가 간다. 자식에 대한 기대가 무너지고, 실망과 좌절감이 몰려오면 때려주고도 싶고, 인생에 뜨거운 맛도 보여주고 싶다고 했다. 요즘도 아들을 생각하면 울화가 치민다는 이야기를 들으며 내 가슴도 함께 답답해졌다.

상담시간이 거의 끝나갈 무렵 그 엄마가 했던 말이 아직도 잊혀지지 않는다.

"나는 제 아들이 먼저 변하지 않으면 절대 안 변할 거예요."

속상해서 하는 말이라 이해는 갔지만 '부모라도 자식을 억지로 변화시킬 수 없다.'는 사실을 모르고 있는 엄마도, 변화의 길을 스스로 찾을 생각도 하지 않는 그 아들도 모두 안타까웠다. 우리 모두가 그 어머니와 비슷한 생각을 갖고 '네가 먼저 변해야 한다.'고 강요하고 있지는 않은가? '나는 널 변화시킬 수 없으며 변화시킬 수 있는 사람은 바로 나 자신뿐이니 너와 나의 관계 개선을 위해 그리고 너를 잘 돕기 위해 내가 먼저 변화의 길을 가겠다.'라는 마음으로 먼저 '자신을 변화시키는 기술'을 구체적으로 배워보도록 하자.

1. 변화를 점진적인 배움의 과정으로 생각하자.

시카고 대학의 교육 심리학자 벤자민 블룸 교수는 1956년에 교수 학습 과정 디자인에 가장 많이 사용되고 있는 블룸의 학습 텍사노미를 창안했다. 그에 따르면 학습에는 세 가지 영역이 있는데 첫 번째 영역은 지식 습득을 가져다주는 지적 영역이며, 두 번째는 태도의 변화를 가져오는 정서적 영역이고, 세 번째는 기술의 습득을 가져다주는 행동 영역이다.

'변화란 무엇인가를 전과는 다르게 하는 것'을 말한다. 그런데 이 기술 습득까지 가는 행동의 변화는 점진적인 배움의 과정을 통해 이루어진다. 무슨 뜻인가? 변화란 '일회적인 사건이 아니라 과정'이기 때문에 한 순간에 이루어지지 않는다는 것이다.

그렇다면 우리는 지금 어디에 와 있는가? 지금까지 대화의 기술에 대해 배웠지만 아직도 기초 단계인 지식 습득에 와 있다. 조금 더 나아가 배운 것을 실천해야겠다는 자세와 태도를 갖게 되었다. '아, 내가 그동안 대화를 잘못해서 많은 사람들이 나 때문에 힘들었겠구나. 그로 인해서 우리 관계가 오늘 여기까지 온 것이로구나.'라는 깨달음과 함께 변화의 필요성을 느끼게 된 단계에 이르렀다. 여기까지는 비교적 짧은 시간이 걸렸겠지만 행동 영역에서의 변화까지 일어나려면 꽤 오랜 시간이 필요하다. 그런데 그 시간은 얼마만큼 열심히 노력하고 실천하느냐에 달려 있다.

2. 변화에 대한 분명한 그림을 그리자.

변화를 위해 자신이 원하는 바를 실천하고 있는 모습을 상상해보거나 원하는 결과나 목표를 머릿속으로 그려보라는 것이다. 또한 생각하고 있는 목표를 글로 써서 잘 보이는 곳에 붙여놓거나, 일기장에 기록하는 것들이 도움이 된다. 이처럼 여러 가지 방법들을 다 동원하여 기억나도록 하는 것이 변화를 위한 촉진제 역할을 한다. 예를 들어 다이어트를 하고 싶다면, 자신의 날씬해진 몸매에 꿈에도 원하는 예쁜 옷을 입고 있는 자신을 상상해보라는 것이다. 또한 허리 사이즈를 28인치 혹은 26인치까지 줄이겠다고 써붙이는 것이다. 남자라면, 체육관에 가서 운동하고 있는 자신의 모습을 상상해보거나 근육이 불거진 팔로 아령을 들고 있는 자신의 모습을 상상해본다. 또한 변화가 가져올 좋은 기분을 미리 느끼며 상상의 나래를 펴본다.

자신이 직접 제작한 동영상 속의 주인공이 되어 아내를 위해 설거지를 하고 청소를 하고 있는 자신의 모습을 그려보고, 이런 자신을 지켜보던 아내는 만족스런 미소를 지으며 기뻐하고 있는 모습을 그려보는 것, 남편이 부탁한 일을 하고 있는 자신의 모습을 그려보는 것과 함께 그의 기뻐하는 장면까지를 구체적으로 영상에 담아보면, 그 일을 하고 싶은 열망이 더욱 강해질 것이다.

3. 변화를 위해 구체적인 계획을 세우자.

2012년에 펜실베니아 주에 위치한 스크랜턴 대학(University of Scranton)에서 '새해 결심 얼마나 가는가?'라는 주제를 가지고 새해 결심

마음을 움직이는 10가지 대화 기술

에 대한 설문조사를 시행했는데, 미국 사람 45퍼센트가 새해가 되면 적어도 한 가지 이상의 결심을 하는 것으로 나타났다. 새해 결심 가운데 최고 점수를 기록한 10가지 결심에는 '체중 줄이기, 정리정돈 하기, 적게 쓰고 많이 저축하기, 인생을 즐겁게 살기, 건강관리 하기, 흥미 있는 것 배우기, 담배 끊기, 다른 사람들의 꿈 돕기, 사랑하기, 가족과 더 많은 시간 보내기' 등이 있었다. 이 설문조사에 답한 것처럼 절반에 가까운 사람들이 자신의 결심을 실제 삶 속에 행동으로 옮긴다면 세상은 분명히 달라질 것이다. 부부간, 가족간, 인간관계에 놀라운 변화가 생길 것이다. 이 일을 성취한 자신에 대해 만족감과 성취감을 맛볼 것이고, 자신감이 넘쳐날 것이다. 또한 자신의 변화로 인해 주변 사람들도 함께 행복하게 될 것이다.

위의 설문 조사에 따르면 75퍼센트의 사람들이 새해 첫주에는 자신의 결심을 실천하는 것으로 대답했는데 6개월 이상 실천하는 사람은 46퍼센트로 줄었다. 새해 결심을 잘 실천하는 사람의 39퍼센트는 20대였고 50대 이상의 사람들의 경우는 14퍼센트로 줄어들었다. 이 설문조사가 보여주는 바에 의하면 젊은이들은 실천의지도 높고, 실천 가능성도 높은데, 나이가 들수록 결심을 행동으로 옮기기가 어려워진다는 점이 못내 안타깝다. 꼭 이루고 말겠다는 열망이나 의지의 부족, 혹은 동기부여를 제대로 받지 못하기 때문일까? 이러한 현상은 내 주위에서도 흔하게 찾아볼 수 있다. 나이가 들수록 아예, 새해 결심도 적어보지 않으려고 한다. 이유를 물어보면 '그동안 계속 결심은 했지만 실천을 하지 못했으니 이제는 결심할 의욕도 없고 그럴 필요도 없다.'고 한다. 왜 그럴까? 단지 나이 때문인가? 그 외에 다른 이유가 있다면 그것은 무엇일까? 포브스에서는 결심이 성공적으로 이루어지려면 '다른 일을 수행할 때와 마찬가지로 목표를 세우고, 목표를 달성하기 위한 구체적인 계획을 세우며, 성취를 위해 창조적인 자극이 필요하다.'고 조언한다.

또한 '계획하는 과정 중에서 너무 많은 계획이나 너무 빠른 결과를 기대하는 것도 목표달성을 어렵게 만든다.'고 덧붙였다. 변화하고 싶은 마음은 있지만 그 변화를 이루지 못하는 경우를 우리는 자주 경험해왔다. 이유가 무엇일까? 변화의 목표만 세웠지, 변화를 위한 현실적이고도 구체적인 계획을 세우지 않았거나, 목표가 달성될 때까지 실천하는 지구력이 부족했을 것이다. 변화를 위한 결심이 실행에 옮겨지기 위해서는 분명한 목표와 실천사항을 적고, 그 일을 언제 어떻게 할 것인지, 구체적인 계획을 메모하는 것이 중요하다. 또한 자신의 변화를 점검하며 목표 달성을 위해 얼마쯤 왔는지를 처음 시작할 때와 비교해보면서, 목표까지 이르려면 얼마나 더 가야 하는지, 얼마나 더 열심히 노력해야 하는지, 정해진 시간까지 그 목표가 달성될 수 있을 것인지를 확인해보는 작업도 중요하다. 이와 같이 구체적인 노력 없이는 온전한 변화를 경험하기 힘들다. 만약에 목표달성에 차질이 생기면 계획을 수정하거나 방법을 수정해야 할 것이다. 뿐만 아니라 실천사항을 기억나게 해주는 상기물을 여기저기에 두면 목표한 바를 실행에 옮기기가 쉬워진다. 예를 들어 집을 나서면서 볼 수 있도록 현관문에 실천사항을 적어두거나, 차 안에 붙여두는 것, 자주 잊어버리는 물건이 있는 곳에나 자주 오고가는 장소에 상기물을 놓아둔다면 하루에도 몇 번씩 실천할 일들을 생각나게 해주기 때문에 실천에 큰 도움이 된다.

4. 자신의 변화를 위해 다른 사람들에게 도움을 요청하자.

앞에서 포브스가 조언하는 목표달성을 위한 과정에서 '창조적인 자극'이 필요하다고 했는데, 이 창조적인 자극에서 자신이 스스로 동기부여를 하는 것과 함께 주변에 신뢰할 수 있는 사람들 중, 결심한 바를 실천하도록 격려하며 후원해줄 수 있는 응원군의 역할도 큰 몫을 차지한다. 그들의 격려와 칭찬은 변화를 꿈꾸며 시도하는 사람에게 용기를 북돋아주고, 실천하도록 격려해준다.

먼저, 응원군에게 자신이 결심한 바를 실천할 수 있도록 상기시켜 달라고 부탁한다. 상기(Reminder)에는 두 가지가 있는데 할 일을 미리 기억나게 해주는 것을 '사전 상기(Pre-reminder)'라 하고, 실천하지 않았다는 사실을 나중에 기억나게 해주는 것을 '사후 상기(Post-reminder)'라 한다. 평소에 기분 좋은 상기가 무엇인지 생각해두었다가 자신을 돕는 사람에게 미리 알려주어, 자신을 도와 달라고 부탁하라는 것이다.

둘째로, 자신의 실천사항을 다른 사람이 상기시켜 줄 때는 변명하거나 방어적으로 행동하지 않을 것을 다짐해야 한다. 만약, 상기시켜 줄 때 못마땅해하는 표정을 짓거나 방어적인 행동을 하게 되면 상대방을 낙심시키는 일이며, 그 사람은 더 이상 나를 신뢰할 수 없을 것이다. 그러므로 변명이나 방어하기보다는 오히려 상기시켜 주었을 때에는 감사를 표현하도록 한다. 만약 그들의 상기 때문에 자존심 상했다면 자신이 원하는 상기가 무엇인지 다시 알려주면서 정중하게 부탁하는 것이 좋다.

셋째로, 자신이 하고자 했던 일을 실천에 옮겼거나 자신의 목표를 성취했을 때 느끼는 짜릿한 기분을 마음껏 누려보는 것은 앞으로 계속 그 일을 하고 싶도록 동기부여를 해준다. 왜냐하면 그 기분을 다시 느끼고 싶어서 실천을 반복할 가능성이 높아지기 때문이다. 운동이 좋은 예다. 땀을 뻘뻘 흘리며 정상에 올랐을 때의 기분, 그때 시원한 바람이라도 불면 정말 기분 만점이다. 운동 후 땀에 젖은 몸을 샤워할 때 느끼는 상쾌함이 신선한 자극제가 되어 다시 운동을 하고 싶도록 만든다. 이런 기분이 들 때, 혼자 말을 하는 것도 도움이 된다. 자신의 어깨를 토닥이며 "정말 잘했어. 네가 자랑스러워. 그렇게 할 줄 알았어. 수고했어."라고 칭찬의 말을 건네주자.

마지막으로, 위와 같은 긍정적인 기분을 만끽해보고, 자신을 스스로 부추기는 말도 들려주며 다른 사람들로부터 칭찬을 해달라고 부탁하게 되면 이중삼중의 응원군을 두어 변화에 가속도가 붙게 된다는 사실을 기억하자.

5. 변화하는 것이 너무 힘들다면 1단계로 돌아가서 다시 시작하자.

변화를 위해 노력을 하는데도 원하는 결과가 나오지 않는다면 너무 무리한 목표를 세웠을 가능성이 높다. 이런 경우라면 목표와 함께 이미 세웠던 계획도 다시 점검해보면서 무엇이 잘못되었는지 평가해보아야 한다. 행여 며칠간 실천하다가 '작심삼일'이 되었다면 '나는 어쩔 수가 없어.'라고 포기하지 말고, 처음부터 다시 시작하라는 것이다. 변화를 위한 노력을 시도하다가 중간에 실수할 수도 실패할 수도 있다는 사실을 기억하는 것도 도움이 된다. 실패를 경험하고 나면 좌절감이 들어서 포기하고 싶지만, 실패를 오히려 개선할 기회로 생각하고 다시 시도하는 끈기와 인내가 필요하다. '칠전팔기'나 '오뚝이 정신'을 머리에 떠올리면서.

상대방의 변화를 돕는 기술

변화의 기술 첫 부분은 '자신을 변화시키는 기술'이고 두 번째 부분은 '상대방의 변화를 돕는 기술(Helping Others Change Skill)'이다. 여기서 '상대방을 변화시키는 기술'이라 말하지 않고 '상대방의 변화를 돕는 기술'이라고 한 점에 대해 주목하자.

결혼한 부부들은 결혼한 순간부터 자신의 마음에 드는 배우자를 만들어보고자 투쟁하듯 애를 쓴다. 아이가 태어나 걷기 시작하고 말을 배울 때쯤부터 자신의 마음에 드는 아이로 만들기 위해 혼신의 힘을 기울인다. 하지만 그 노력의 결과는 실망과 좌절을 안겨주었다. 가족들을 자신의 틀에 맞게 바꿔보려고 명령하고 잔소리하고, 때로는 협박도 하면서, 다그치고 큰소리치며 화를 냈다. 그러나 우리의 그런 노력은 일시적으로는 효과가 있는 것 같았지만 장기적인 변화가 생기지 않아 절망감을 느꼈다. 상대방의 마음에 들지 않는 행동을 자신의 생각대로 뜯어 고치기 위해 사용했던 모든 방법들은 서로를 지치게 만들었고, 이로 인해 부정적인 생각과 감정을 갖게 되어 오히려 두 사람의 관계만 나빠지는 결과를 초래했다.

그렇다면 지금부터라도 '내가 누군가를 변화시킬 수 있다.'는 착각을 버리고, '내가 할 수 있는 일은 상대방이 스스로 변화를 결심하고 노력할 때, 그를 돕는 역할을 할 수 있다.'는 사실을 마음에 새기면서 '상대방의 변화를 돕는 기술'을 배워보기로 하자.

1. 서로 합의하는 것부터 시작하자.

이 기술의 첫 단계는 '서로의 변화를 돕기로 합의하는 것'으로 출발한다. '내가 이런 변화를 위해 노력하고 싶은데 당신이 이렇게 도와주면 좋겠소.'라는 부탁과 함께 언제, 어디서, 어떻게 도와주기를 원하는지 구체적으로 설명해준다. 예를 들어 '매일 아침 6시에 일어나 체육관에 가기 위해 자명종을 맞춰놓을 건데, 만약 내가 못 일어나면 당신이 수고스럽겠지만 기분 좋은 말로 나를 깨워줘요. 그리고 행여 내가 자명종 세팅하는 것을 잊어버리면 생각날 수 있도록 상기시켜주기 바라오.'라고 부탁을 하는 것이다. 상대방으로부터 이 같은 부탁을 받은 사람은 변화를 돕는 역할을 하는 것이다.

위와 같은 약속과 함께 상대방을 돕는 좋은 방법은 원하는 행동이 생각나도록 '상기'시켜 주는 일이다. 상기는 훌륭한 보조 기억장치 역할을 한다. '자신을 변화시키는 기술'에서 배운대로 상기에는 두 가지가 있는데, 약속한 변화의 행동을 하기 전에 생각나게 해주는 '사전 상기'와 실천할 것을 잊어버린 후에 기억나게 해주는 '사후 상기'가 있다. 상기의 좋은 점은 그동안 사용했던 잔소리 대신 상대방에게 기분 좋은 방법으로 상기시켜 주어서 상대방의 변화에 긍정적인 결과를 가져다준다는 것이다.

만약, 샤워한 후에 화장실 바닥에 옷을 벗어놓고 가는 일을 기억나게 해주려면 화장실 문에 예쁘게 오린 종이나 문방구에서 사온 스티커를 사용하여 '빨래통 기억하시죠? 고마워요!'라고 쓴 귀여운 노트를 화장실 문 앞에 붙여놓으면 훌륭한 상기가 된다. 그게 바로 잔소리 대신 기분 좋게 실천하도록 돕는 방법이다.

실천하지 못했을 때는 '사후 상기'가 되는 말로, '쓰레기 비우기, 그동안 잘해주었어요. 고마워요!', '쓰레기 비우기 힘들죠? 가끔은 잊을 수도 있죠. 뭐!', '노력하는 당신이 자랑스러워요!' 등과 같은 표현들을 적어 상대방이 보는 곳에 붙여두면 상대방의 변화를 훌륭하게 돕는 것이다.

2. 상대방의 노력과 성취에 대해 칭찬하자.

상대방의 변화를 돕는 사람도 자신을 변화시키는 기술에서 배운 바와 마찬가지로 변화를 위한 노력이 습관으로 다져지는 데는 꽤 오랜 시간이 걸린다는 사실을 기억하는 것이 좋다. 이 사실을 알게 되면 변화가 더디다고 안달복달할 일도 적어지고, 불안해하고 초조해할 필요도 없다. 따라서 변화되지 않는 상대방을 비난하기보다 좀 더 여유를 갖고 느긋하게 상대방의 변화를 도우며 기다릴 수 있게 된다.

뿐만 아니라 상대방의 노력과 성취에 대해 자주 칭찬을 해주거나 감사를 표현하는 것이 상대방의 변화를 촉진시키는 좋은 방법이란 사실도 기억하자. 앞부분에서 이미 언급했던 필리파 랠리 박사팀은 습관형성 과정에서 '바람직한 행동을 강화시키는 보상'의 중요성을 강조했다. 그는 '생각하지 않고도 자발적인 행동이 나올 때까지 약 66일 정도가 걸리지만 습관으로 길들여지기 전 초기 단계에서는 보상이 뒤따를 때 그 행동이 더 잘 강화된다.'는 사실을 발견했다. 그러고는 66일이 지나야 비로소 보상이 뒤따르지 않아도 그 행동이 자발적으로 나오게 된다는 사실을 실험을 통해 확인했다. 여기서 보상이란 칭찬이나 인정하는 말, 고마움을 표시하는 말이나 행동 등인데 이와 같은 보상을 받으면 자신이 실천하고 있는 바를 더 열심히 노력하게 된다는 것이다.

앞에서 '바람직한 행동을 강화시키는 것이 보상'이라고 했는데 '강화'란 무슨 뜻일까? 이 말을 이해하기 위해 도로에 시멘트 까는 작업을 생각해보자. 물과 시멘트와 모래를 적당량 섞어서 반죽을 만들어 포장할 길에 뿌린다. 처음 뿌렸을 때는 반죽이 걸죽해서 조금만 밟아도 자국이 나기 때문에 아무도 밟지 못하도록 출입을 금지하는 노란 줄을 쳐둔다. 시간이 지나면서 햇빛을 받고, 바람이 불고, 물을 뿌려주는 동안 시멘트 포장이 조금씩 단단해져 간다. 작업이 완성될 시간이 되면 아무리 밟아도 발자국이 생기지 않을 만큼 아주 단단

마음을 움직이는 10가지 대화 기술

해진다. 그런 과정이 바로 '강화'의 좋은 예다. 여기서 햇빛과 바람과 물은 강력한 '강화제'가 된다. 상대방의 변화를 돕는 기술에서 사용되는 강화제는 '칭찬과 인정과 격려 그리고 감사의 말'인데 상대방의 노력이 습관으로 굳어져 단단해질 때까지 계속 사용해야 효과가 있다는 것이다.

딸 재인이가 어릴 적 피아노를 칠 때 가끔씩 일어나는 우리 집 풍경이다. 친정어머니는 손녀가 피아노를 치고 나면 이렇게 말씀하시곤 했다.

"재인아 시작한 지 얼마나 됐다고 벌써 피아노를 그만 쳐? 피아노를 치려면 좀 진득하게 앉아서 쳐야 실력이 늘지 그렇게 해서 되겠어?"

꾸중하는 말을 듣고도 그냥 피아노 책을 덮는 손녀를 바라보며 할머니는 실망스런 표정을 짓는다. 하지만 나는 할머니와는 다른 반응을 재인이에게 보여준다. 10분 정도 지나 피아노 치기를 그만둘 즈음, 피아노 치고 있는 딸 방으로 건너가며 이렇게 말한다.

"재인아, 엄마는 재인이 피아노 치는 소리를 들으면 하루 피로가 다 풀리는 것 같아. 재인이 피아노 터치가 너무 아름답다. 엄마는 여기 앉아 책 보면서 재인이 피아노 소리 듣고 있을게."

나의 칭찬에 기분이 좋아진 재인이는 빙그레 웃으며 5분 이상을 피아노 앞에 앉아 실력을 발휘한다. 5분을 더 하게 하는 힘, 이것이 바로 강화의 위력, 곧 칭찬의 위력이다. 노력을 강화하여 성취를 이루도록 돕는 것, 이것이 상대방의 변화를 돕는 기술이다.

3. 좌절하거나 실망스런 상황에 잘 대처하자.

사랑하는 배우자나 자녀들이 변화하기를 학수고대하며 지켜보았던 때가 있었는가? 며칠간 열심히 하더니 더 이상 노력하는 기미가 보이지 않을 때 어떤 기분이 들었는가? 실망스럽고 낙심이 되지 않았는가? 그렇다. 그러고는 갑자기 온몸에 힘이 빠진다. 이쯤에서 포기하고 싶은 생각이 든다. 특별히 변화가 어려운 고질적인 문제나 습관이라면 더욱 그렇다. 이 같은 경우라면 '변화는 더디 온다.'는 사실을 다시 기억하고 지혜로운 방법을 모색해야 할 것이다.

먼저, 상대방이 계획대로 따라 주지 않는다면 이미 배웠던 대화 기술 가운데, 표현 기술을 사용하여 자신의 실망과 좌절감을 상대방 기분 나쁘지 않게 표현하는 것이 좋다. 표현 기술의 핵심을 요약해보면, '미리 생각해보고 말하자. 좋았던 것을 기억하여 대화를 시작하자. 화를 자극하는 말을 피하고 구체적으로 원하는 바를 알려주자.'였다. 대화의 시작부터 "내가 그럴 줄 알았어. 지금까지 당신 하는 일이 늘 그렇지.", "고작 이삼일 하고 그만둬요? 아이고, 기대한 내가 어리석지."라는 식으로 상대방을 비난하거나 자존심 상하게 하는 표현 대신, '나 전달법' 공식을 사용하여 자신의 감정과 원하는 바를 전달하는 것이다. "여보, 한동안 열심히 노력하는 당신을 보면서 정말 기뻤어요. 힘든 일인데 잘 해낸다는 생각이 들어 얼마나 자랑스럽고 대견해보이던지요. 그런데 어제와 오늘, 당신이 바빠서 그랬는지 너무 힘들어서 그랬는지 약속한 바를 실천하지 않는 걸 보니까 실망스럽고 속상하네요. 그 이유는 당신 건강이 걱정되기 때문이에요. 자,

마음을 움직이는 10가지 대화 기술

다시 용기를 내어 시작해봐요. 처음에는 힘들어도 점점 더 쉬워질 거예요."

두 번째, 만약 도우미 역할을 하는 자신이 너무 서두른 것은 아닌지, 너무 기대치가 높은 것은 아닌지, 상대방으로 하여금 기분 좋은 사전 상기와 사후 상기를 때에 맞게 잘 해주었는지, 잘했을 때 칭찬과 감사를 잘 표현했었는지, 자신의 역할에 대해 되돌아보며, 혹시 자신의 계획을 수정해야 할 부분은 없는지 검토해보는 것이다. 이처럼 상대방의 변화가 더디온다 생각되더라도 도우미 역할을 포기하지 말고 계속 노력하자.

4. 상대방이 새로운 행동을 정기적으로 실천하게 되더라도 수시로 감사를 표현하자.

상대방의 변화를 돕는 기술, 마지막 단계는 정기적으로 칭찬과 감사를 표현하는 것이다. 잘하고 있는 일을 당연시하기보다, 감사를 표현하면 이를 지속적으로 실천하도록 격려하므로 배우자나 자녀들 그리고 가족들이 긍정적인 행동이나 좋은 습관을 기르도록 동기를 부여하는 일이기 때문이다. 나와 가까운 사람의 이야기다.

"제 아내는 저를 정말 잘 부려먹어요. 근데 진짜 기분 좋게 부려먹어요."

그의 아내에게 물었다.

"어떻게 해야 기분 좋게 남편을 잘 부려먹을 수 있죠?"

아내가 빙그레 웃으며 대답한다.

"네, 저는 평소에 제가 원하는 일을 하고 있는 남편을 보며 칭찬과 함께 감사하다는 말을 자주 해요. 그리고 그 일이 얼마나 저를 기쁘게 하는지, 저를 얼마나 행복하게 만드는지 설명을 해주지요. 또 혹시 부탁할 일이 생기면 남편 기분 좋을 때를 찾아 정중하게 부탁해요. 그 부탁을 들어줄 때면 잊지 않고, 진심에서 우러나오는 감사를 꼭 하지요. 그게 아마 비결이 아닐까 싶네요."

전에 하지 않던 새로운 행동이 자발적인 행동이 되도록 도와주는 기분 좋은 선물, 이것이 바로 칭찬과 감사일 것이다.

이 장에서 배운 변화 기술 두 가지 중에 '자신을 변화시키는 기술'을 통해 자신의 성장과 발전을 위해 끊임없이 노력하고, 상대방과 더불어 행복하게 살기 위해, '상대방의 변화를 돕는 기술'을 배워 제대로 사용한다면, 그동안 가지고 있었던 불평과 불만 사항들이 줄어들 것이고, 그동안 받았던 스트레스도 분명 줄어들 것이다. 그로 인해, 전보다 훨씬 더 좋은 관계, 친밀한 관계, 더 만족스런 사랑의 관계를 누리게 될 것이다.

자신을 변화시키는 기술 포인트

1. 변화를 점진적인 배움의 과정으로 생각하자.

2. 변화에 대한 분명한 그림을 그리자.

3. 변화를 위해 구체적인 계획을 세우자.

4. 자신의 변화를 위해 다른 사람들에게 도움을 요청하자.

5. 변화를 이루는 것이 너무 힘들다면 1단계로 돌아가서 다시 시작하자.

상대방의 변화를 돕는 기술 포인트

1. 서로 합의하는 것부터 시작하자.

2. 상대방의 노력과 성취에 대해 칭찬하자.

3. 좌절하거나 실망스런 상황에 잘 대처하자.

4. 상대방이 새로운 행동을 정기적으로 실천하게 되더라도 수시로 감사를
   표현하자.

관계 향상시키기

1. 자기계발과 성장을 위해 변화하고 싶은 한 가지를 여기에 적고, '자신을 변화시키는 기술' 원칙들을 실천해보세요.

2. 배우자나 가족들에게 '내가 변하기를 원하는 행동이 있는지 알려 달라'고 부탁하세요. 그리고 행동을 변화시키기 위한 노력을 하세요.

3. 배우자나 가족들에게 변화 기술에 대해 설명해주고, 혹시 그들이 변화하고 싶은 행동이 있는지 물어보세요. 만약 있다면 변화를 위해 도울 일이 있는지 물어보고 도우미 역할을 잘 하도록 노력하세요.

마음을 움직이는 10가지 대화 기술

9

생활 속에서 지속적으로 실천하는 생활화 기술

의사소통이 학습된 것이라는 사실을 일단 깨달으면 우리는 원하기만 하면 그것을 변화시킬 수 있다. 버지니아 사티어

들은 것은 잊어버린다. 본 것은 기억한다. 그러나 행동으로 옮기면 그때야 비로소 이해가 된다. 공자

시골에서 중학교를 다닐 때 처음으로 자전거 타는 법을 배웠다. 학교까지 걸어가기에는 먼 길이고, 버스를 타려면 돈이 들어서 자전거로 통학하는 학생들이 많았다. 걸어가는 것과 비교할 수 없이 빠른 시간

에 등하교를 하는 친구들이 마냥 부러웠다. 그런 내게 오빠가 자전거 타는 법을 가르쳐주었다. 맨 처음 어떻게 자전거를 타는지 기본부터 자상하게 설명을 해주었다. 안장 높이 조절하기, 출발하는 법, 핸들 잡고 균형 유지하는 법, 페달 밟는 법 그리고 정지하는 법 등이었다.

설명이 끝난 후, 오빠가 직접 시범을 보여주었다. 그러고는 옆에서 핸들을 잡아주면서 타보라고 했다. 무섭고 떨렸지만 오빠가 옆에 있으니까 믿는 마음으로 자전거에 올라탔다. 그 다음에는 자전거 페달을 천천히 돌려보라고 했다. 긴장이 되어서 몸이 뻣뻣해지더니 오빠 쪽으로 금방 몸이 기울어졌다. 그래도 오빠가 중심을 잡고 있으니까 페달을 밟을 수가 있었다. 이렇게 한참을 연습하다가 겁이 조금씩 줄어들고 익숙해질 무렵, 뒤에서 오빠가 잡아줄 테니까 핸들을 잡고 페달을 밟아보라고 했다. 이러기를 반복하다가 어느 순간 오빠가 뒤에서 잡은 손을 놓아 버렸다. 얼마쯤 갔는데 갑자기 오빠가 뒤에 없다는 것을 안 순간, 두려움에 균형을 잃고 넘어졌다. 무릎에서 피가 났다. 몹시 아팠다. 그때는 헬멧도 무릎보호대도 없던 시절이었다. 그런데 약간의 재미를 맛본 상태라서 자전거를 계속 타고 싶었다. 처음에 오빠가 잡아주다가 어느 시점이 되면 손을 놓기를 되풀이했다. 넘어지고 다시 일어나는 과정을 반복하며 조금씩 자신감이 생겼다. 수없이 넘어지는 경험을 했지만 시원한 바람을 온몸에 받으며 스르르 미끄러지는 자전거의 매력은 가히 스릴 만점이었다. 재미에 가속도가 붙으니 배고픈 줄도 모르고 자전거 타기에 몰두했다. 하루에 30분을 타다가 한 시간으로 늘리며 2주 정도를 계속했더니, 오르막길

마음을 움직이는 10가지 대화 기술

도 내리막길도 제법 요령을 부리며 자전거를 타게 되었다.

대학교에 들어간 후로 자전거 타기를 멈췄다. 도시에는 자전거 길도 만들어지지 않았을 뿐더러 대중교통이 편리하게 잘 되어 있어서 굳이 자전거를 타야 할 필요가 없어졌기 때문이다. 그 후로 미국에 와서 살게 되었고 자전거는 내 삶과는 무관한 것이 되었다. 그런데 아들의 대학 졸업식을 마친 다음 날, 로스앤젤레스 근처의 산타 모니카 해변으로 구경을 갔다. 자전거 타기로 유명한 해변에서 자전거 타기를 뺄 수 없다는 아들의 말에 자전거 2대를 빌렸다. 아이들이 자전거 타는 모습을 보면서 갑자기 어린 시절 자전거 타던 생각이 나서 겁 없이 자전거를 타겠다고 했더니 아이들이 놀란 표정을 지었다. 어떻게 엄마가 자전거를 타겠냐고 의아해하는 아이들에게 뭔가를 보여주고 싶은 마음에 자전거에 올랐다. 몸이 말을 듣지 않았다. 균형을 잃고 넘어져 무릎을 다쳤다. 30년이 넘도록 타지 않았으니 당연한 일이었다. 이미 자전거 타는 것은 익숙한 것이니 지금도 잘할 수 있으리라 생각했는데 큰 오산이었다. 배운 기술도 계속 사용하지 않으면 녹슨다는 교훈을 뼈저리게 느낀 사건이었다. 이것을 일컬어 '용불용설'이라고 하던가?

자전거 타는 일이 내게 더 이상 필요하지 않아서 그만두었다면 그게 그렇게 큰 문제될 것은 없다. 하지만 대화가 필요하지 않는 경우란 없다. 이 땅에 살아 있는 동안 필요한 기술이고 함께하는 사람이 있는 한 필요한 기술이다. 그런데 이미 배운 대화의 기술이라도 사용하지 않는다면 시간이 지나면서 잊힐 것이다. 대화 기술에 녹이 슬

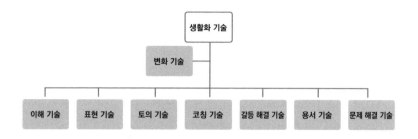

것이다. 그렇게 되지 않기 위해서 배운 기술을 생활 속에서 지속적으로 사용해야 한다. 이것이 바로 생활화 기술이다.

위의 도표에서 보는 것과 같이 생활화 기술은 변화를 위한 노력을 매일의 삶 속에서 실천하도록 구체적으로 도와주는 기술이다. 이 기술은 또한 지금까지 배운 모든 대화의 기술들을 일상생활 속에서 적용하도록 도와주는 기술이기도 하다. 가정과 직장에서 그리고 교회나 각종 모임에서 배운 대화 기술을 언제든지 실습할 수 있도록 해 준다.

미국의 저명한 교육학자인 오하이오 대학의 교수였던 에드가 데일(Edgar Dale)이 정립한 '학습의 원추(Cone of Learning)' 이론은 학생이 배우기를 원할 때 채택하는 학습 수단과 방법에 따라 기억의 정도가 달라진다는 사실을 시각화해서 보여주는 학습 모형이다.

다음의 '학습의 원추'에 따르면 강의 듣기나 책 읽기, 시청각 교육이나 시범 학습 등은 대부분 수동적인 활동이라 할 수 있고, 대화를 주고받는 그룹 토론이나 실습 그리고 배운 것을 다른 사람에게 가르치는 일은 자신이 직접 학습에 참여하는 능동적인 활동이라 할 수 있다.

마음을 움직이는 10가지 대화 기술

이 '학습의 원추'를 조금 더 자세하게 살펴보면 가장 적게 기억되는 강의는 들은 후 2주가 지나면 5퍼센트 정도밖에 기억이 나지 않으며 책 읽기는 10퍼센트를 기억하게 해준다. 그 다음 방법으로, 직접 귀로 듣거나 눈으로 보는 시청각 교육 자료를 사용했을 때 기억력이 20퍼센트로 증가되며 직접 시범을 보여주는 시연(Demonstration)은 기억력을 30퍼센트로 증가시켜 준다.

학생이 직접 교육 과정에 참여하는 능동적인 방법 중 하나인 그룹 토의는 토의가 진행되는 동안 참가자들과 대화를 주고받으며 경청

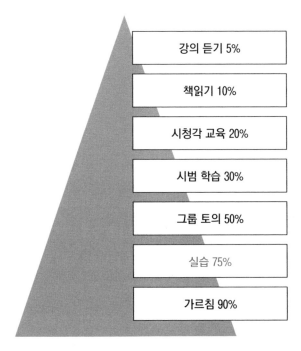

강의 듣기 5%

책읽기 10%

시청각 교육 20%

시범 학습 30%

그룹 토의 50%

실습 75%

가르침 90%

에드가 데일의 학습의 원추(Cone of Learning)

과 이해한 바를 피드백하고 자신의 생각을 표현하는 과정에서 배운 것들을 내면화하는 작업이 이루어지기 때문에 학습 효율성이 50퍼센트로 껑충 뛴다. 그룹 토의에 이어 한 단계 더 나아가 자신이 배운 것을 직접 실천으로 옮기면(Learning by doing) 기억의 정도는 75퍼센트로 증가되고, 학습 효율성의 최고점인 '자신이 실천한 것을 다른 사람에게 가르치는 방법(Learning by teaching)'은 기억력을 무려 90퍼센트로 증가시켜 준다.

정리하면 청각, 시각, 후각, 미각, 촉각과 같은 모든 감각 기관을 동원하여 강의도 듣고, 책도 읽으며, 시청각 자료도 사용하면서 배운 주제에 관해 서로의 의견을 주고받는 토론 시간이 주어지고, 거기에 행동으로 옮기는 실천이 병행될 때, 학습 효율성이 극대화된다는 것이다. 그런 면에서 에드가 데일의 '학습의 원추'는 대화 기술을 배우는 과정에 있는 우리들에게 지금까지 배운 대화 기술 원칙들을 '생활화'하는 것이 배운 기술을 자신의 것으로 만드는 효과적인 학습 방법이라는 사실을 보여주고 있다. 그러므로 대화 기술에 관한 강의를 듣거나 책을 읽는 데서 그치지 말고, 대화 기술을 직접 가르쳐주는 대화 코치로부터 배우는 것이 훨씬 더 효과적이다. 제대로 훈련받은 대화 코치는 생활화 기술을 통해 올바른 대화 패턴을 습관으로 만드는 데 결정적인 도움을 주기 때문이다. 자, 이제 생활화 기술 원칙들을 하나하나 배워보도록 하자.

마음을 움직이는 10가지 대화 기술

생활화 기술은 언제 필요한가?

1. 변화 기술에서 결심한 사항들을 지속적으로 실천하기 원할 때

2. 좋은 습관을 길들이고 싶을 때

3. 이미 배운 대화의 기술들을 자신의 습관으로 만들기 원할 때

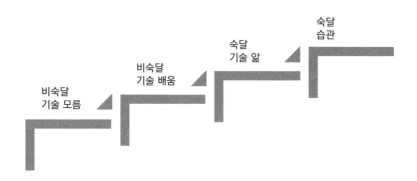

위에 있는 '기술을 배우는 과정'을 설명하는 계단식 도표가 생각나는가? 10가지 대화 기술을 처음 배우기 시작했을 때로 잠시 되돌아가보자. 그때에는 대화에 관한 이론도 모르고 기술도 전혀 없는 상태, 즉 맨아래 계단에서 공부를 시작했다. 각 장에 걸쳐 새로운 대화 기술을 배우고, 배운 것을 그 다음 장에서 복습했다. 각 장마다 마지막에 나오는 '관계 발전시키기'에 따라 주어진 과제를 실천하고, 다시 새로운 기술에 대해 배우는 과정을 되풀이해왔다. 그러는 사이, 각 대화 기술에 관한 지식이 하나 둘 쌓여가지만 아직 자신의 기술로 익힌 상태는 아니다. 이것이 두 번째 계단, 미숙한 상태다. 세 번째 계단으로 나아가려면 지속적인 실천 없이는 불가능하다. 이런 실천을

통해 자신도 모르는 사이 머리 지식이 가슴으로, 말과 행동으로 이어지면서 실제 기술로 발전되어 가는 것이다. 이것이 바로 기술을 배워가는 과정 속에서 경험한 일이며 '생활화 기술'이 숙달된 습관을 가져다주는 마지막 계단이다.

1. 새로 익힌 대화 기술을 가능한 한 자주 그리고 여러 곳에서 활용하자.
배운 기술을 배우자나 자녀들 그리고 가족들과 대화하면서 사용하도록 한다. 친구들과 모인 자리에서도 이 기술을 사용한다. 직장에서 동료들과 대화할 때도 마찬가지다. 더 나아가 교회나 자신이 속한 공동체에서도 이 기술을 사용한다. 자주 사용하면 할수록 그만큼 빨리 기술들을 습득할 수 있기 때문이다. 또한 배운 기술을 처음부터 제대로 사용하겠다는 욕심을 버리고 그냥 연습해보는 것 자체로 만족하는 것이 좋다. 왜냐하면 배움에는 왕도가 없고 시간과 노력과 인내 없이 이 기술들이 익혀지지 않기 때문이다.

뿐만 아니라 변화 기술에서 배운 것처럼 대화 기술 습득을 위해서 구체적인 목표를 설정하고, 이를 성취하기 위한 계획을 세워 실천하게 되면 그렇지 않을 때와 비교할 수 없을 정도로 대화 실력이 향상될 것이다.

하지만 자신의 대화 기술이 향상되었다고 해서 다른 사람들도 자신처럼 그 기술을 사용할 것이라고 기대하지 않는 것이 좋다. 왜냐하면 내가 노력하는 것만큼 상대방도 그럴 것이라고 기대하면 실망하기 때문이다. 설령 배우자와 함께 대화 기술을 배웠다 하더라도 그 사람이 '배운 기술을 잘 실천할 것이다.'라고 생각하기보다 '기술을 익히려면 시간이 많이 걸릴 것이다.'라는 생각을 갖고 인내하며 기다리는 것이 피차에 도움이 된다. 대화 기술을 배우고 나면 기술을 모르는 사람들이 부적절한 말을 하는 것이나 다른 사람이 이야기하는 도중 끼어들어 차례를 지키지 않은 것도 금방 알아차리게 된다. 그런 사람을 만나면 '대화 기술'을 모르니까 저렇게 표현하는 걸 거야.'라고 생각하며 크게 신경 쓰지 말고, 자신의 대화 기술 향상에 초점을 맞추도록 한다.

2. 대화 기술을 사용할 때 어떤 변화가 있는지 잘 관찰해보자.

첫째, 문제 상황을 살펴보고 대화 기술을 사용했더라면 상황이 어떻게 변했을지 생각해보자.

이해 기술에서 생활화 기술까지를 배우고 나면 보통 이런 이야기를 하곤 한다. "아직까지 대화할 때, 배운 것을 미리 생각해서 기술에 맞는 대화를 하지는 못해요. 하지만 말한 다음에 무엇을 잘못했는지 알게 돼요.", "경청하고 피드백을 주었어야 했는데 그러지 못했구나.", "아차, 내가 표현을 잘 못했어. '나 메시지'를 써야 했는데 '너 메시지'를 사용했기 때문에 저 사람이 화를 내는 거야.", "아이구, 내가 차례를 기다리지 못하고 저 사람 말을 가로 막았네. 토의 기술에서 배운 차례 지키는 법을 또 잊었어.", "갈등 해결 기술을 사용했더라면 우리 아이가 저렇게 소리 지르며 문을 꽝 닫고 뛰쳐나가지는 않았을 텐데, 내가 화가 난다고 앞뒤 생각하지 않고, 화를 쏟아 부었네. 화를 조절하고 이야기를 했더라면 이런 결과가 나오지 않았을 텐데.", "이런 상황 속에서 내가 대화 기술을 제대로 사용했더라면 문제가 해결됐을 텐데,라는 생각이 나중에 들어서 후회를 하죠.", "배운 기술이 미리 생각나면 얼마나 좋겠어요? 계속 노력하다 보면 그럴 날도 오겠지요, 선생님?"

둘째, 대화 기술을 사용했을 때와 그렇지 못할 때의 차이점을 관찰해보자. 지금까지 대화 기술을 배운 것만으로도 대화 기술 사용 여부에 따라 상대방의 반응이 아주 달라진다는 사실을 깨달았을 것이다. 대화 기술을 사용하면 대화의 흐름이 원만하게 진행되지만 기술을 사용하지 않으면 기술을 배우기 전과 똑같이 부정적인 감정과 부정적인 반응이 오가는 것을 피부로 느꼈을 것이다. 이런 차이점을 직접 경험하게 되면 기분도 좋아지고, 자신이 노력한 대가가 있어서 보람을 느끼게 된다. 또한 대화 기술을 더욱 열심히 실천해야겠다는 다짐도 하게 된다.

3. 대화 기술을 활용하는 습관을 기르자.

첫째, 배운 기술을 자신의 대화 습관으로 만들기 위해, 변화 기술에서 배운 원칙들을 다시 한 번 복습해보는 것이 도움이 된다. 생각보다 빨리 대화 기술이 익혀지지 않아 실망스러울 때나 포기하고 싶을 때, '배움은 점진적으로 이뤄진다는 사실'을 다시 기억하면 실망할 일도 포기할 일도 아니라는 사실에 위안을 받고 다시 노력하도록 스스로에게 동기를 부여한다.

둘째, 두 가지 핵심 대화 기술인 '이해 기술'과 '표현 기술'은 누구와 이야기하든 대화가 오고가는 곳이면 언제 어디서나 필요한 기술이기 때문에 일상 속에서 만나는 모든 사람과의 대화에서 잊지 않고 사용하도록 노력한다. 상대방의 이야기를 들을 때는, 경청을 위한 바른 자세로 귀 기울여 잘 듣고 공감해주며, 피드백 해줄 것을 기억하고, 말할 차례가 되면 표현 기술의 원칙들, 즉 사랑과 진실함으로 말할 것, 말하기 전에 생각할 것, 대화의 첫마디를 좋은 것이나 긍정적인 것들로부터 시작할 것, 문제에 관련된 자신의 생각과 염려 그리고 감정들을 잘 이야기할 것, 화를 자극하는 말을 피하며 원하는 것을 구체적으로 부탁할 것 등을 떠올려보며 표현 기술을 사용하도록 노력한다.

셋째, 대화 기술을 지속적으로 사용할 수 있도록 알람 장치를 해두든지 쪽지나 기억 보조 장치 등을 이용해서 기술 실천이 생각나도록 한다. 스마트폰에 입력된 하루 일정을 보면서, 모임에 가서 사용할 기술들을 비고란에 적어둔다면 아주 좋은 상기가 될 것이다.

넷째, 대화 기술을 사용했을 때, 기분 좋은 느낌을 떠올려보자. 기분 좋은 느낌을 다시 맛보기 위해서 더 노력하고 싶은 열망이 생길 것이다.

다섯째, 대화 기술을 잘 사용했을 때, 좀 유치한 것 같지만 대화 코치나 가까운 사람들에게 칭찬해 달라고 부탁을 하자. 칭찬과 격려가 대화 기술 실천을 위한 강화제요 촉진제이기 때문이다.

여섯째, 자신의 대화 기술이 발전할수록 대화에 점점 더 자신감을 갖게 될 것이며, 자신감이 생기면 대화 기술을 더 열심히 연마하고 싶은 마음을 갖게 될 것이다.

4. 대화 기술을 향상시키기 위해 상상력을 동원하고 계획을 세우자.

첫째, 매일 아침 자신의 하루 스케줄을 살펴보면서 대화 기술을 어떻게 활용할 수 있을지 계획해보고, 대화 기술을 사용하기 위해서 상상력을 동원하자.

'오늘 친구들 만나러 가는데 친구들 이야기를 잘 경청하면서 이해의 기술을 보여주어야겠다.', '만약 친구들이 화를 자극하는 말을 사용하더라도 나는 표현 기술을 잘 사용해야겠다.' 이런 생각을 하면서 모임 장소로 간다면 분명 대화 기술을 사용할 가능성이 높아질 것이다. 또 이런 상상을 해보자. '오늘 직원 모임에서 토의 기술을 사용하기 위해 토의 기술에 대해서 다시 한 번 복습을 해보아야겠다. 토의 기술은 이해 기술과 표현 기술이 합해진 기술이라는 사실을 기억하며, 토의 기술에서 사용했던 표현 막대기가 오고가는 모습을 상상하면서 출근을 한다면 어떻게 되겠는가? 이처럼 기술 사용이 습관이 되도록 의도적으로 계획하고 상상력을 십분 발휘하도록 노력한다.

둘째, 어려운 상황에 직면하게 될 때, 대화 기술을 어떻게 활용할 것인지 계획한다.

하루를 살면서 전혀 예기치 않은 일로 실망스럽고 화가 나는 상황을 만난다. 충격적인 사고를 접할 수도 있다. 대화하는 도중, 자존심을 상하게 하고 심기를 건드리는 사람을 만날 수도 있다. 불의한 일과 억울한 일을 만날 수 있다. 이 같은 상황에 부딪칠 때, 어떻게 대화 기술을 사용할 수 있을까를 생각하고 계획하는 것은 실전에 대비하는 좋은 방법이다. 이 같은 상황들은 내가 대화 기술을 배우고, 실천하는 과정 속에서 자주 경험해온 일들이다. '대화 기술을 배우지 않았으면 정말 큰일났겠다.'라는 생각을 한두 번 한 게 아니다. '저 사람 목소리 들어보니 화가 났구나. 그럼 지금은 내가 말할 차례가 아니고 왜 화가 났는지 듣고 이해할 차례지.', '저 사람이 화를 자극하는 말을 하니까 기분이 나빠지는구나. 그럼 표현 기술을 잘 사용해서 내 생각과 감정을 말해야겠군.', '저 사람의 말과 행동 때문에 내가 몹시 화가 나네. 하지만 지금 이야기하지 말고, 내 기분을 좀 가라앉힌 다음에 정리해서 이야기를 하는 게 좋겠어. 지금 말해봤자 두 사람 기분이 더 엉망이 될 테니까. 가만 있자. 갈등 해결 기술에서 TRUST가 중요했지? 타임아웃, 화난 중에도 존중하기, 상대방 이해하기, 기술 사용하기, 갈등이 해결될 때까지 대화하기.', '어? 문제가 생겼네. 어떻게 해결해야 할까? 아, 이땐 토의 기술과 문제 해결 기술을 사용하면 될 것 같은데?'

셋째, 힘든 상황을 겪은 후에는 대화 기술을 사용했더라면 어떻게 달라졌을지 상상해보자.

'오늘 남편과 별것 아닌 문제로 대화를 하다가 기분이 나빠, 순간적으로 그의 잘못을 꼬집어 비난하고 공격하는 말을 했다. 내 말이 끝나기가 무섭게 남편이 나를 노려보며 소리를 지르더니 화를 폭발하고 말았다. 이런 때 내가 갈등 해결 기술을 기억해서 타임아웃 시간을 가졌더라면 좋았을 텐데. 그리고 표현 기술을 잘 사용했더라면 상대방의 화를 자극할 필요가 없었는데 내가 실수했다.'

이처럼 뒤늦게라도 자신이 무엇을 잘못했는지 생각해보고, 어떤 대화 기술을 사용했어야 했는지 평가해보는 일은 다음에 비슷한 상황에서 실수를 줄이는 데 도움이 된다.

넷째, 대화 기술을 사용하지 않을 경우, 분노나 상처, 실망감이 쉽게 찾아온다는 사실을 인식하자.

기술 사용을 잠시라도 중단하면 서로의 감정이 충돌되는 상황이 자주 일어나는 것을 경험하게 된다. 왜 그런지 갈등 해결 기술에서 설명했던 존 가트맨 박사의 '결혼생활의 종말을 가져오는 네 가지 징조'를 다시 한 번 살펴보자. 비판과 비난의 말과 같이 좋지 않은 첫 마디로 대화를 시작하면 상대방으로 하여금 경멸과 모욕감을 느끼도록 만드는 두 번째 사이클로 넘어가기 쉽다. 문제는 거기서 끝나지 않는다. 경멸과 모욕을 느낀 사람이 자기변호나 방어하는 말이나 행동할 가능성이 높아진다. 결국 두 사람 모두 분노의 감정에 휩싸이게 되고, 상처와 실망 같은 부정적인 감정을 갖게 되면 관계에 빨간불 신호가 들어온다. 이와 같은 일이 반복되는 사이, 관계에 담쌓기와 도피로 이어져 결혼생활에 파국을 맞는다는 것이 가트맨 박사의 실험 결과다. 하지만 대화 기술을 배운 사람은 이 역기능 사이클이 계속 돌아가도록 내버려두지 않고 한두 번 대화 기술에 실패했더라도 다시 기술을 사용하므로 관계의 향상을 꾀할 수 있게 된다. 이것이 희망이다.

마음을 움직이는 10가지 대화 기술

다섯째, 대화 기술을 사용했을 때, 좋은 관계와 좋은 감정이 따라 온다는 사실을 기억하자.

"대화 기술을 배웠어도 막상 대화를 하다 보면 옛날 버릇이 그냥 나와요. 그런데 전과 달라진 게 있어요. 대화 도중에 잘못한 말이 생각나면 고쳐서 다시 표현을 하기도 하고, 미안하다고 사과도 하니까 아내가 전보다 짜증이 줄고 토라지는 일도 적어졌어요. 아직도 실수를 반복하기는 하지만 실수한 다음에 무엇이 잘못되었는지 알게 되니 수정할 수 있어서 너무 좋아요. 대화 기술을 배워 조금이라도 실천하니까 그전보다 아내와의 관계가 훨씬 더 부드러워졌어요. 이런 변화를 보니까 대화 기술을 더 열심히 연습해야겠다는 생각이 들고요. 왜 진작 이런 기술을 배우지 못했을까 안타깝네요. 무엇보다 그동안 나의 부정적인 말버릇 때문에 상처받고 힘들어했던 아내에게 정말 미안합니다."

이것이 바로 대화 기술을 사용할 때 생기는 관계의 변화다. 이처럼 관계가 변화되면 두 사람 사이에 대화의 막힌 담이 허물어진다. 그리고 마음과 마음이 이어지는 가슴의 대화가 가능해진다. 서로를 향해 사랑과 연민의 마음이 다시 일어난다. 그래서 대화 기술을 '관계 향상 기술'이라고 부르는 것이다.

생활화 기술 포인트

1. 새로 익힌 대화 기술을 가능한 한 자주 그리고 여러 곳에서 활용하자.

2. 대화 기술을 사용할 때 어떤 변화가 있는지 잘 관찰해보자.

3. 대화 기술을 활용하는 습관을 기르자.

4. 대화 기술을 향상시키기 위해 상상력을 동원하고 계획을 세우자.

관계 향상시키기

1. 위의 생활화 기술 포인트 4가지를 암기하도록 노력해보세요.

2. 이해 기술을 복습하고 그 원칙들을 가족이나 친구, 동료들과 대화할 때 사

   용해보세요.

3. 표현 기술 원칙 7가지를 복습한 후 가정에서나 직장에서 불만이나 불평,

   부탁할 일이 있을 때 표현 기술을 사용하며 대화해보세요.

4. 매일 아침 생활화 기술을 실천하기 위해 하루 동안 사용할 대화 기술을 미

   리 생각해서 활용하도록 기억 보조 장치로 현관문이나 차 속, 혹은 전화기

   나 아이패드의 일정표에 적어보세요.

5. 이런 노력의 결과가 어떠했는지 평가해보세요.

10

배운 대화 기술을
내 기술로 만들어주는 유지 기술

습관의 사슬은 끊기 어려울 정도로 강해질 때까지는 너무나 약해서 잘 알아채지

못한다. **새뮤얼 존슨**

생각을 심으면 행동을 낳는다. 행동을 심으면 습관을 낳는다.

습관을 심으면 성품을 낳는다. 성격을 심으면 운명을 낳는다. **새뮤얼 스마일스**

습관은 오랜 연습을 통해 형성되며, 친구가 되어 마침내 인간의 본성이 된다.

아리스토텔레스

패밀리 터치에서 진행하는 '8주간의 자녀양육 학교'가 시작되면 '자녀들에게 좋은 부모가 되기 위해 공부한다는 사실을 알려주라.'고 부탁을 한다. 두 가지 이유에서다. 하나는 엄마, 아빠도 좋은 부모가 되기 위해 노력한다는 사실을 자녀들에게 알려주려는 의도이고, 또 다른 이유는 부모로 하여금 자녀들이 바라보고 있음을 의식하며 배운 것을 실천하도록 동기부여를 하기 위함이다. 서너 주가 지나면서 아이들은 부모의 말과 행동이 달라지고 있다는 사실을 느낀다. 부모들도 자신의 변화에 따라 자녀들의 태도나 행동이 달라지고 있음을 감지한다. 이렇듯 부모가 조금만 변해도 아이들은 몰라보게 달라진다. 한 엄마가 소감문 발표시간에 자기 딸이 한 이야기를 나누었다. 어느 날 딸이 "엄마, 언제까지 자녀양육 학교에 가요?"라고 물었다고 한다.

"응. 다음 주면 끝나는데 왜?"

엄마의 말을 듣던 아이가 실망한 듯한 표정을 지으며 "근데 엄마, 그 학교 계속해서 다니면 안 돼요? 엄마 클래스 가는 동안 내가 동생도 잘 돌봐줄 텐데….''

이 이야기를 듣던 참석자들이 모두 크게 웃었다. 뭔가 다 느끼는 바가 있어서였다. 딸이 왜 이런 질문을 했을까? 엄마가 자녀양육 학교에 다니면서 많이 변했는데 다시 옛날의 엄마로 돌아갈까 걱정스러워서다.

사랑의 대화 학교 마지막 날에도 어김없이 소감문 발표시간을 갖는다. 그동안 배운 것을 어떻게 실천해왔는지 그리고 부부 사이에 어떤 변화가 있었는지를 참가자들과 함께 나누는데 거의 한두 부부는

마음을 움직이는 10가지 대화 기술

이와 비슷한 이야기를 한다.

"그동안 우리 부부 사이가 전보다 더 좋아졌어요. 싸우는 일도 많이 줄어들었고요. 대화도 몰라보게 부드러워졌고 대화시간도 많아졌어요. 처음 시작할 때 우리가 변할 수 있을까 반신반의하며 수강하게 되었는데, 이 사람이 많이 달라졌어요. 근데 걱정스러운 게 있어요. 대화 학교에 다니던 동안에는 정말 좋았는데 이 클래스가 끝나면 우리 부부 사이가 옛날로 돌아갈까 두려워요."

그녀의 말에 참석자들이 모두 고개를 끄덕였다. 조금 지나고 나면 배운 것을 다 잊어버리고 옛날과 같은 방식으로 서로에게 상처주는 일을 다시 반복하지나 않을까 하는 걱정은 비단 그들의 것만이 아니기 때문이다. 교육 프로그램이나 세미나 참석에 대해 회의를 갖고 있는 사람들의 말을 들어 보면 한결같이 '프로그램에 참석하는 동안에는 좋았는데, 그 약발이 생각보다 오래가지 않는다.'는 것이다. 그런 이유 때문에 어떤 이들은 아예 세미나에 참석하는 것 자체를 포기했다고 한다. 왜일까? 도대체 왜 약발이 오래가지 못하는 걸까? 허먼 에빙하우스(Hermann Ebbinghaus)의 '망각 곡선'이 그 질문에 대한 답을 준다.

에빙하우스는 16년간 기억 연구에 몰두해 기억에 관한 실험 심리의 선구자가 되었다. 그의 가장 위대한 발견으로는 '망각 곡선과 기억 증진을 위한 학습 곡선'이다. 아래의 '망각 곡선'에 의하면 보통 사람의 경우, 배운 후 한 시간이 지나면 50퍼센트, 하루가 지나면 60퍼센트, 일주일이 지나면 70퍼센트, 한 달이 지나면 80퍼센트 정도를 잊어버린다는 것'이다. 그럼 '어떻게 해야 배운 것을 오랫동안 기억할 수 있을까'를 고민하며 연구한 결과가 바로 '학습 곡선'이다. 아래 도표를 살펴보면 복습과 기억과의 관계를 볼 수 있는데 '주기적으로 5회 이상, 반복하는 것'이 학습효과를 높이는 핵심 비결이다. 반복을 통해 인간의 뇌세포를 활성화시키고 강화시킴으로 단기 기억을 장기 기억으로 저장시키는 것이다. 그런 면에서 '반복'이야말로 학습의 기초이자 최고의 교육 방법인 셈이다.

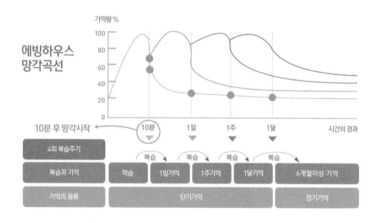

에빙하우스의 이론에 따라 지금까지 배운 대화 기술을 잊지 않고 내 기술로 만들어주는 '유지 기술'을 기대감을 갖고 좀 더 구체적으로 배워보자.

이미 배운 대화의 기술을 장기간 기억하고, 습관으로 굳어지도록 하는 데 도움이 되는 기술은 상단 둘째 줄에 위치한 변화 기술과 생활화 기술 그리고 맨 위에 자리 잡은 유지 기술이다. 도표 하단에 있

마음을 움직이는 10가지 대화 기술

는 일곱 가지 기술을 연마하여 자신의 새로운 대화 패턴으로 만들어 가기 위해 변화 기술을 실습하고, 이 변화의 노력을 일상의 삶 속에서 꾸준히 실천하는 생활화 기술을 통해 습관으로 만들며, 습관이 되었다고 방심하지 말고, 좋은 습관을 계속 유지하는 것이 책에서 배우는 마지막 대화 기술이다.

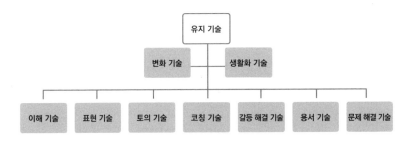

유지 기술에는 크게 두 가지가 있는데, 하나는 대화 기술을 유지하는 것이고, 다른 하나는 좋은 관계를 유지하는 기술이다. 이 둘은 서로 밀접하게 연결되어 있기 때문에 따로 떼어 생각할 수 없다. 대화 기술을 관계 향상 기술이라고 하는 이유는 대화 기술을 잘 배워 실천하면 관계가 향상되기 때문이고, 역으로 관계가 향상되면 두 사람의 긍정적인 감정 때문에 대화나 행동도 그만큼 긍정적으로 되기 때문이다.

미국 네브라스카 대학의 교수이자 결혼과 가족관계 전문가인 닉 스티넷(Nick Stinnett) 박사에 의하면 '건강한 가족의 여섯 가지 특성'으로 '서로에 대한 깊은 헌신과 감사, 긍정적인 의사소통과 함께 시간 보내기, 정신건강 및 스트레스와 위기대처 능력'을 꼽았다. 그는 오랜 가족관계 연구를 통해 '건강한 가족은 거의 예외 없이 칭찬과 격려, 감사와 애정 표현을 잘하며 서로에게 기쁨을 주는 대화를 함은 물론 대화 기술도 뛰어나다.'는 사실을 발견했다. 그의 연구 결과가 보여주는 것처럼 건강하고 행복한 가정을 세우려면 긍정적인 대화 기술을 계속 유지하는 것이 필수다.

> 1. 유지 기술은 언제 필요한가?
> 2. 배운 대화 기술을 계속 유지하기 원할 때
> 3. 좋은 관계를 유지하기 원할 때

원만한 관계 유지를 위해 그리고 배운 대화 기술을 유지하기 위해 다음의 사항들을 잘 실천하도록 하자.

1. 매일 일정한 시간을 정해두고, 배우자나 가족들과 함께 하루 지냈던 일과 감사를 나누자.

> 1. 배우자나 가족들에게 감사를 표현하자.
> 2. 잠시 몇 분만이라도 함께 대화할 수 있는 시간을 갖도록 하자.
> 3. 배우자나 가족들과 하루의 일과 속에서 특별한 감정을 갖게 했던 일이나 사건에 대해 나누자.
> 4. 서로에게 이해하는 태도를 보여주자.

마음을 움직이는 10가지 대화 기술

가족들과 함께 감사를 주고받는 일은 가족 관계를 더욱 끈끈하게 만드는 접착제 역할을 한다. 감사는 관계에 기적을 불러온다. 듣는 사람의 마음에 진한 감동을 전해주고 그 사람의 존재 가치를 빛나게 해준다.

감사는 또한 관계 은행에 정기적금을 드는 것과 같다. 은행계좌에 일정 금액을 정기적으로 예금해놓으면 필요시나 비상시에 인출해 쓸 수 있다. 이와 마찬가지로 행여 두 사람 사이에 갈등이 생기고 감정의 골이 생긴다 하더라도 평소에 감사의 적금을 많이 들어놓으면 갈등의 순간이 왔다 하더라도 두 사람 사이에 긴장이 쉽게 풀릴 수 있고, 잠시 동안 가슴을 헤집어놓았던 먹구름 같은 감정도 쉽게 걷힐 수 있다.

나의 자녀양육서 『내 아이의 미래를 결정하는 가정원칙』에서 나는 부모들에게 이렇게 권한다. 자녀를 칭찬하기 위해서 관찰하라고 한다. 칭찬해주지 못해 안달이 난 사람처럼 칭찬과 감사거리를 찾아보라고 한다. 비단 자녀뿐 아니고 배우자를 칭찬하고 그에게 감사를 전하기 위해서 관찰해보라고 권한다. 나에게 베푼 친절과 도움을 당연하게 받아들이지 말고, 아낌없는 감사와 칭찬을 보내면, 듣는 사람의 몸에 엔도르핀이 배출되어 행복감을 느끼게 해주고, 행복해하는 그 사람을 바라보며 내 몸에도 엔도르핀이 배출된다. 결과적으로 우리 관계에 엔도르핀을 만들어내는 감사를 매일의 습관으로 길러보도록 하자.

왜냐하면 '감사의 표현'은 우리의 육체를 위해 매일 밥을 먹듯이,

우리의 정서와 정신 건강을 위해 매일 먹어야 할 행복 비타민이기 때문이다. 육신의 건강을 위해 매일 비타민과 밥은 챙겨 먹으면서, 관계에 비타민을 챙겨 먹지 못한다면 우리 관계에 문제가 생기고 균열이 생길 수밖에 없다. 이처럼 관계에 필수 영양소인 행복 비타민을 매일, 혹은 식사 시간이나 차 마시는 시간에 가족들에게 챙겨준다면 우리의 식탁은 전과는 비교할 수 없는 더 풍성한 식탁이요, 기적이 창조되는 식탁으로 바뀔 것이다.

또한 하루 있었던 일을 잠깐 나누는 것도 가족의 유대감과 결속력을 느끼게 해주는 좋은 방법이다. 이미 배운 경험 모델에 따라 사건과 생각, 관심과 염려, 감정을 나누면 듣고 있는 가족들이 이해의 기술을 보여준다. 이렇게 함으로써 가족들 간에 서로를 더 깊이 이해하게 되며 서로 함께 있는 것만으로도 즐겁다는 사실을 깨닫게 될 것이다.

이처럼 식사 시간이나 취침 전 부부가 함께 침대에 누워 대화를 나눈다. 침대에서 함께 이야기하는 시간을 '베갯머리 대화(Pillow Talk)'라고 한다. 간단하게 하루에 있었던 일들을 나누고 감사를 주고받으며 '굿나잇!'으로 하루를 마감하는 부부와 가족이라면 웬만한 어려움이 찾아와도 흔들림 없이 가족의 사랑을 지켜나갈 수 있지 않을까?

2. 일주일에 한 번, 대화의 기술을 사용하기 위한 시간을 정해두자.

해결해야 할 문제점이나 불일치점, 혹은 계획해야 할 일 중 하나를 선택하여 이에 대해 토의하도록 하자.

일주일에 한 번, 서로에게 한가한 시간을 정하여 계획해야 할 일이나 문제에 관해 이야기를 나눈다. 시간을 정할 때도 구체적이어야 한다는 사실을 토의 기술에서 이미 배웠다. '무슨 요일 몇 시'인지 명확히 해야 하고, 이를 자신의 일정표에 기록해두는 것이 좋다. 이때에 '어떤 문제'를 다루고 싶은지에 대해서도 상대방에게 알려주면 미리 이야기하고 싶은 점들을 생각할 수 있어서 좋다. 또한 토의를 시작하기 전에 토의 기술 원칙에 대해 다시 한 번 복습해보고 '표현 막대기'도 준비해두자. 이런 준비와 함께 토의를 하게 된다면 보다 더 만족스러운 결과를 얻게 될 것이다.

3. 일주일에 한 번 '부부(가족) 데이트 시간'을 갖도록 하자.

일주일에 한 번, 정해진 시간에 함께 외출을 하거나 의미 있는 시간을 함께 보내도록 계획하는 것이다. 한 달이 시작되는 첫주에는 한 달 동안 함께 하고 싶은 일을 계획하면 기다리며 준비하는 즐거움이 더해질 수 있다. 부부 데이트 시간을 미리 정해놓고 그때그때 사정에 맞는 활동을 선택하도록 한다. 시간의 여유가 있을 때는 영화 감상이나 공연, 특별한 외출을 계획하고 그렇지 못할 상황이 되면 집에서나 마당에 나가서 차를 마시며 대화를 나누든지 잠깐의 드라이브나 산책을 즐겨도 좋다. 이를 위해 상상력과 창조적인 아이디어를 동원하여 '함께하는 시간'을 기획하며 즐기는 것이 활기찬 부부관계를 유지하는, 스티넷 박사가 조언하는 '건강한 부부, 건강한 가정을 위한 비법' 중 하나다.

4. 대인관계 속에서 대화의 기술을 계속적으로 활용하자.

대화 기술을 공부하고, 강사로 가르치기 시작한 지가 벌써 8년이 되었다. 대화 기술을 처음 접하던 당시에는 내용을 이해하기에 급급했고, 내용을 이해한 다음에는 한 가지씩 실천하기 위해서 노력했다. 이 책을 읽는 독자와 마찬가지의 과정을 똑같이 거쳤다. 매일 가족들과 대화하면서, 혹은 이런저런 이유로 만나는 사람들과 대화할 때 이 기술을 실천하고자 노력했다. 때로는 기술 연습이 잘 되는 듯싶다가 또 때론 실패하는 과정도 부지기수로 반복했다. 평상시에는 대화가 잘 되는 듯하다가도 감정적으로 예민한 문제가 나오면 여지없이 변명하거나 방어하려는 태도나 말이 불쑥 튀어나왔다. 순간적으로 나를 공격하는 상대방을 굴복시키고 싶은 충동이 치밀어오를 때도 있었다. 교양 있는 단어 속에 가시를 넣어 상대방의 가슴을 후벼놓고 싶은 생각이 올라올 때면 내 자신이 얼마나 실망스러운지, 이럴 때면 언제나 제대로 된 대화를 할 수 있을까 의구심과 함께 회의에 휩싸이기도 했다. 하지만 포기하지 않고 대화 기술을 실천하면서 나쁜 말버릇이나 대화 패턴을 하나씩 고쳐나갔다. 그러는 동안 대화 기술을 함께 배운 동료들과 서로의 대화법을 고쳐주는 코칭 기술도 사용했다.

어려운 상황이라 생각이 되면 어떻게 대화를 풀어가야 할지 고민하느라 시간이 흘렀고, 어떤 시간이 대화하기에 좋은 시간인지 생각하다가 한 주, 한 달이 다 가도 말하지 못할 때도 있었다. 그러는 사이 감정이 누그러지고 생각이 정리되었다. 이처럼 충분히 생각하고 나서 대화를 하니 그 전과는 다른 결과가 나오는 것도 경험했다. 아직

마음을 움직이는 10가지 대화 기술

도 생활화 기술이 계속 필요하고, 유지 기술이 계속 필요하지만 10가지 대화 기술이 내 언어 습관으로 많이 굳어진 것을 본다. 이런 노력 덕분에 내 마음이 얼마나 편해졌는지 모른다. 상대방을 이해하고자 노력했더니 오해가 줄어들고 서운한 마음도 따라서 줄어들었다. 문제나 갈등이 생겨도 당시에는 힘들지만 대화를 통해 해결책을 찾을 수 있으니 크게 염려할 이유도 없어졌다. 거기까지 가기 위해 다시 한 번 아래의 사항들을 기억하고 실천해보자.

1. 대화 기술을 매일 생활 속에서 어떻게 활용할 것인지 계획하자.

2. 대화 기술로 인해 당신이 얼마나 도움을 받는지를 계속 생각해보자.

3. 대화 기술을 어려운 상황 속에서 어떻게 사용할 것인지 계획하자.

4. 대화 기술을 사용할 수 있도록 도와달라고 다른 사람들에게 부탁하자.

5. 관계 향상 교육을 평생 배워야 할 학습 과정으로 인식하자.

먼저 관계 향상을 위한 교육을 인생 전반에 걸친 배움의 과정으로 여기고 일 년에 적어도 한두 번 정도 부부관계나 가족관계 이해 및 향상을 돕는 프로그램에 참여하자는 것이다. 결혼과 부부생활 이해, 자녀양육, 분노 조절 및 스트레스 관리 프로그램에 참여하여 더 좋은 관계, 더 친밀한 관계를 유지하기 위해 노력하자.

둘째, 관계 향상 기술을 다른 사람들에게 가르치기 위해 훈련을 받고, 대화 기술 프로그램에 코치로 참석하여 자신의 실력을 갈고 닦으면 배운 기술을 자기의 것으로 만들기 쉬워진다. 생활 기술에서 나오는 에드가 데일의 '학습의 원추'에서 살펴본 것처럼 배운 기술을 자신의 것으로 만들 수 있는 가장 효과적인 학습은 '다른 사람에게 가르치는 방법'이다. 왜냐하면 다른 사람에게 잘 가르치기 위해 배우고 연구하면서, 그리고 배운 기술을 실천하면서 자신의 기술로 만들어 가기 때문이다. 그러므로 대화 기술을 가르치는 세미나에 참석하여 코치가 되고, 멘토가 되고, 강사 자격증 코스에 등록하여 강사가 된다면 이 책에서 배운 '10가지 대화 기술'을 자신의 것으로 충분히 만들 수 있을 것이다. 또한 부부 멘토로서 자신보다 더 어린 부부 커플을 돕거나, 지도자 커플이 되어 다른 부부들을 가르침으로 자신의 관계도 더불어 향상되는 삶을 살도록 하자. '배우기 위해 가르치고, 가르치기 위해 배우는 부부'가 되겠다는 자세로.

지난 여름, 뒤뜰에 작은 텃밭을 일구고 토마토와 오이, 호박 몇 그루를 심었다. 거름도 주고, 하루걸러 물을 주며 6주쯤 되었을 때, 호박과 오이가 덩굴을 뻗기 시작하고 덩굴 여기저기에 꽃망울이 맺혔다. 얼마 지나지 않아 꽃이 시들 무렵, 꽃 끝에 실낱같은 오이와 호박이 하나 둘씩 달리기 시작했다. 하루가 다르게 커가는 것이 너무나 신기해서 성장일기를 쓰듯 사진을 찍어두며 아침저녁으로 텃밭을 드나들었다.

그러던 중 2주간의 휴가 계획에 따라 가족과 함께 한국을 방문하게 되었다. 집을 떠나기 전부터 텃밭에 커가는 오이와 호박이 걱정되었다. 아는 분에게 물주기를 부탁할까 하다가 번거로울 것 같아 그냥 날씨에 맡기고 한국으로 떠났다. 2주의 여행이 끝나고 집에 돌아와 보니 그처럼 싱싱하게 잘 자라던 채소의 줄기가 다 말라 버렸다. 그동안 정성들여 돌본 채소가 나의 관심과 돌봄의 부재 앞에 죽어가고 있었다. 화분에 심어둔 화초도 고개를 푹 늘어뜨리고 있었다. 그 모습을 바라보며 갑자기 이런 생각이 들었다. 채소나 화초를 키우기 위해 정성들여 물을 주며, 거름을 주어야 하듯 친밀한 부부관계와 가족관계를 유지하려면 지속적인 관심과 돌봄, 배움과 노력이 필요하다는 사실이다. 그렇지 않으면 채소나 화초처럼 우리의 관계가 말라 죽어가기 때문이다.

자동차를 소유하고 있는 사람들은 누구를 막론하고 정해진 스케줄에 따라, 혹은 차의 컨디션에 따라 엔진 오일을 정기적으로 갈아주며 타이어나 필터, 브레이크를 정해진 주행거리에 따라 교체시켜준다. 그 밖에 휠 밸런스를 맞춰주고 필요한 부품을 갈아준다. 최상의 상태를 유지하기 위해서다. 그런데 만약 차의 엔진오일이 더러워지고 바닥이 났는데도 오일을 갈지 않거나 마모된 부품을 갈지 않은 상태로 차를 계속 운전한다면 어떤 일이 벌어질까? 어느 날 갑자기 차가 고장나거나 사고가 나고 말 것이다. 필요한 조치를 미리 취하지 않으면 차가 더 이상 제 기능을 할 수 없게 된다. 그렇다면 우리의 결혼생활을 유지하기 위해 무엇을 해왔는가? 어떤 노력을 했는가? 아니 노력해야 할 필요성이라도 느끼고 있었는가? 100세 시대를 바라보는 부부들이 앞으로 살아갈 많은 날들을 생각하며 너무 늦었다고 포기하지 말고, 이전보다 더 친밀한 관계를 위한 배움과 노력을 계속

해야 하지 않을까?

이 책을 덮기 전에 우리의 어린 시절 걸음마를 배우던 그때, 그 장면을 생각해보자. 일어섰다 넘어지고, 넘어지면 다시 일어나고, 한 발 뛰다 주저앉으며 엉덩방아를 많이도 찧었다. 그래도 다시 일어나 두세 걸음을 옮겼고, 넘어지면 또다시 일어나 걷기를 반복했다. 셀 수 없이 넘어지고 수도 없이 일어섰다. 그때 우리가 넘어지는 것이 무서워, 일어나 걷기를 포기했던가? 아니었다. 결코 아니었다. 행여 무릎이 깨져 피가 나도 우린 다시 일어나 걸었다.

대화 기술을 배우는 것도 이와 마찬가지다. 이 책을 통해 배운 10가지 기술은 하루아침에 나의 것으로 되지 않고 꾸준히 노력하고 연습하고, 인내하며 훈련하는 가운데 얻어지는 기술이기 때문이다. 그러니 이제부터 처음으로 되돌아가 이해 기술부터 유지 기술까지 차근차근 복습하면서 대화 기술 업그레이드를 위한 노력을 새롭게 해보자. 기술 실천이 힘들어 포기해 버리고 싶은 순간에도 좌절감을 극복하고 걸음마를 배우는 아이의 심정으로, 대화 기술 연마에 몰두하도록 하자. 그래서 나와 관계하는 사람들 사이에 사랑과 친밀한 대화가 가능해지고, 나의 대화 기술 실천으로 인해, 다른 사람도 영향을 받아, 그 주변 사람들이 속시원한 대화, 장벽이 헐리는 대화를 할 수 있도록 변화를 주도하는 사람이 되자. 마치 물속에 던진 작은 돌멩이 하나가 파문을 일으키며 중심부에서 시작하여 호수 전체에 번지듯, 대화의 기술을 실천하는 우리들로 인해 행복한 가정과 사회가 이루어지도록 하자.

마음을 움직이는 10가지 대화 기술

유지 기술 포인트

1. 매일 일정한 시간을 정해두고, 배우자나 가족들과 함께 하루 지냈던 일과 감사를 나누자.

2. 일주일에 한 번, 대화의 기술을 사용하기 위한 시간을 정해두자.

3. 일주일에 한 번 '부부(가족) 데이트 시간'을 갖도록 하자.

4. 대인관계 속에서 대화의 기술을 계속적으로 활용하자.

5. 관계 향상 교육을 평생 배워야 할 학습 과정으로 인식하자.

관계 향상시키기

유지 기술을 계속 실천할 수 있도록 다음의 '유지 기술 계획표'를 부부(가족)가 함께 토의한 후 작성하세요. 그리고 함께 실천해보세요.

친밀한 관계 유지 및 향상 계획

	유지계획	활동	언제	계획
매일	이해 기술/ 표현 기술 실습	1) 감사 표현하기 2) 하루 일과 중 특별한 일, 한 가 지씩 나누고 보여주기		
매주	토의 기술 실습	문제나 부탁할 사항 토의하기		
매월	관계 향상 유지	부부/ 자녀와 데이트 혹은 특별 활동		
매년				

감사의 말

『사랑의 미스터리를 푸는 대화 기술』을 배우고 나서 첫 번째 터져 나
온 감탄사는 "바로 이거야. 이거!"였다. 오랫동안 찾아 헤매다가 만
난 보석 같은 책이었기 때문이다. 그동안 상담과 교육 현장에서 너무
나 절실하게 필요한 대화 기술이었는데, 이 기술을 속 시원하게 가르
쳐주는 교과서를 찾기가 힘들었다. 부부간 혹은 부모와 자녀간에 대
화가 안 되어 답답해하는 분들을 돕기 위해서 대화에 관한 책들을 사
서 읽었다. 기대감을 갖고 첫 페이지를 읽기 시작했지만 다 읽고 난
후엔 '역시나.'라는 실망으로 마지막 책장을 덮은 적이 한두 번이 아
니었다.

　내가 기대하는 대화 책이란 이론과 실제가 균형 있게 조화를 이루

　　　　　　　　마음을 움직이는 10가지 대화 기술

고, 이를 바탕으로 구체적인 대화를 할 수 있도록 체계적인 가이드를 해주는 책이었다. 이런 기준으로 대화서들을 평가해볼 때, 어떤 책은 이론만 소개하고 있거나 또는 이론의 뒷받침 없이 대화에 관한 지엽적인 방법들을 다루고 있는 책이 대부분이었다. 그런가 하면 대화에 관련된 퍼즐 조각들을 체계 없이 그냥 모아놓은 것 같은 인상을 주는 책들도 많았다. 물론 여러 책들이 대화 기술 연구에 도움이 되었지만 한 권의 책 속에 내가 원하는 바가 들어 있는 책은 거의 없었다.

그러던 중 2008년의 어느 날, 메리 오트웨인(Mary Otwein) 여사가 인도하는 대화 기술에 관한 정보를 입수하고, 김충정 박사님과 함께 세미나에 참석하면서 마음에 꼭 드는 대화 기술을 배운 기쁨과 흥분이 쉽게 가라앉지 않았다. 마치 사막에서 오아시스를 발견한 것 같은 기분이었다. 세미나에 이어 곧바로 강사교육을 받고 패밀리 터치에서 '사랑의 대화 학교'라는 프로그램을 개설했다. 2년에 걸쳐 오트웨인 여사의 수퍼비전을 받으며 대화 기술 세미나 디렉터가 되었고, 이 기술이 익숙해지면서 한 가지 소원이 내 안에서 꿈틀거렸다. 한국 사람들이 쉽게 이해하고 배울 수 있는 대화 기술 책을 쓰고 싶은 열망이었다.

갈급한 마음으로 대화 기술 워크북의 저자인 오트웨인 여사에게 '10가지 대화 기술의 요점을 토대로 한국 사람 정서에 맞는 책을 쓸 수 있도록 허락해 달라'는 메일을 보냈다. 얼마 지나지 않아 곧바로 답장이 왔다. 아무 조건 없이 허가를 수락한다는 반가운 답장이었다. 그뿐 아니다. 이 책의 원고가 완성된 후, 그녀를 만나 책의 구성과 매 과에서 다룬 내용들을 설명해 드렸을 때, "정 박사, 난 당신이 너무 자랑스러워요. 당신은 이 책의 내용을 완벽하게 소화하여 당신 것으 로 만들었을 뿐 아니라, 이론 연구와 실제 경험을 바탕으로 '10가지 대화 기술'을 한 단계 더 높은 차원으로 끌어 올렸군요."라면서 아낌 없는 찬사를 보내주셨다. 내가 오트웨인 여사를 만나 이 대화 기술을 배운 것은 내 인생에 크나 큰 자산이자 행운임에 틀림이 없다. 그러 기에 그만큼 더 감사가 크다.

이 책의 공저이신 김충정 박사님과 함께 대화 기술을 배운 후로 참 가자들에게 어떻게 하면 더 쉽고 효과적으로 대화 기술을 가르칠 수 있을까를 지난 8년 동안 함께 고민했고 더 좋은 내용의 책을 쓰기 위 해 지혜를 모았다. 그는 메리 오트웨인 여사가 지적한 것처럼 이 책 을 거니 박사의 원래의 책보다 훨씬 더 나은 책으로 만들 수 있도록 처음부터 끝까지 꼼꼼하고 예리한 안목으로 저술의 길잡이 역할을 멋지게 감당해주었다.

본 대화 기술서 『사랑의 미스터리를 푸는 대화 기술: 부부 관계 향 상 프로그램(Mastering the Mysteries of Love: A Relationship Enhancement Program for Couples)』의 원 저자이자 펜실베니아 주립 대학의 교수로서 30여 년 이상 대화 기술 발전에 공헌하신 거니 박사님(Dr. Bernard G. Guerney, Jr.)과 연구팀들에게 말할 수 없는 감사의 마음을 여기에 담는다. 그들의 연구와 수고가 없었다면 이 기술은 세상에 나올 수 없었기 때문이다.

본서가 나오기까지 대화 기술을 가르치고 훈련하는 일에 수년을 나와 함께 해준 대화 기술 강사이자 동료이며 원고 교정을 위해 수고한 임옥순 상담실장과 임근영 소장, 패밀리 터치 스태프들께 진 빚이 참으로 크다. 또한 대화 기술 훈련에 참석한 후로 자신의 삶에 어떤 변화가 생겼는지를 생생한 나누어준 대화 기술 학교 수료자들께도 감사드린다. 대화 기술을 배운 후로 그들의 부부관계가 몰라보게 좋아졌고, 자녀들과의 관계가 회복되었다는 고백은 더더욱 열심히 이 기술을 가르치고 보급해야겠다는 결심을 하게 만들었기 때문이다.

대화 기술을 배우고 집필하는 동안 나의 가족으로부터 내려오는 대화의 흐름을 들여다볼 수 있어서 대화 연구에 큰 도움이 되었다. 오랫동안 가족간에 사용되었던 잘못된 대화 패턴이 무엇인지 구체적으로 관찰할 수 있었고, 그 대화가 가족관계에 어떤 영향을 미쳤는지를 파악할 수 있었다. 그뿐 아니라 우리 가정은 내가 새롭게 배운 대화 기술을 자유롭게 연습해보는 실습장이 되었고, 기술 사용 후 어떤 변화가 일어나는지를 눈과 귀로 직접 확인하는 실험실이 되었다. 자연스레 그들은 내게 대화 기술을 배우는 학생이 되었고, 때로는 선생이 되어 나의 잘못된 대화법을 교정해주었다. 무엇보다 이 책의 출판을 고대하며 칭찬과 격려로 응원해준 가족들의 사랑이 뜨거워서 그 고마움을 여기에 아로새긴다.

대화 기술애 대한 원고를 쓰고 있다는 말씀만 듣고도 출판사 섭외를 담당하시겠다고 할 만큼 내 책에 열렬한 팬이 되어주시고 언제나 변함없이 인생의 멘토가 되어주신 정동섭 교수님과 '행복한 인간관계를 위해 꼭 필요한 대화 기술'이라며 이 책의 진가(?)를 알아보시고 기쁨으로 출판해주신 도서출판 물푸레의 우문식 사장님께 마음 깊은 감사를 드린다.

　　　　　　　　마음을 움직이는 10가지 대화 기술

부록

부록 1. 무슨 말을 할지 계획하기

■ 나의 염려나 문젯거리: _____

내 자신을 준비시키기
1. 좋은 것이나 긍정적인 것을 기억하는 것으로 이야기를 시작하세요. 그것이 무엇인지 생각해보세요.
2. 당신 자신의 관점으로부터 이야기하세요. 어떻게 하면 상대방을 비판하거나 판단하지 않고 자신의 관점을 잘 표현할 수 있을까요?
3. 당신의 감정과 함께 당신에게 중요한 모든 것을 이야기하세요. 당신은 지금 어떤 감정을 갖고 있나요? 복잡하거나 뒤섞인 감정이 있다면 그것은 무엇인가요?
4. 당신이 원하는 것을 구체적으로 부탁하세요.
5.상대방을 화나게 하는 단어는 피하세요. 당신이 자주 사용하는 자극적인 말이나 표현은 무엇인지 생각해보세요. 그동안 사용했던 자극적인 말 대신에 사용할 단어를 생각해보세요.

상대방 입장(배우자, 자녀, 혹은 다른 사람) 생각해보기
1. 당신이 대화하고 있는 그 사람에게 지금 어떠한 일이 일어나고 있는지 생각해보세요.
2. 상대방의 관점은 무엇인가요?
3. 상대방은 지금 어떤 감정을 품고 있나요? 부정적인 감정이나 격렬한 감정을 갖고 있지는 않나요?
4. 상대방이 원하는 것은 무엇인가요?

마음을 움직이는 10가지 대화 기술

부록 2. 우리들의 갈등해소 계획

1. 그동안 부부간에 혹은 부모와 자녀간에 사용해왔던 갈등의 패턴 중 멈추고 싶은 행동들을 설명해보세요. 두 사람 사이의 갈등이 어떻게 고조되어가는지 생각해보세요. 주로 싸움을 시작하는 사람은 누구이며, 어떤 방법으로 화를 자극하는지를 써보세요. 상대방이 화를 내면 거기에 대해 자신은 어떻게 대응하는지 써보세요. 그리고 먼저 사과하는 쪽이 누구인지, 어떻게 해서 갈등이 끝이 나는지 비디오를 보는 것처럼 가능한 한 자세하게 그리고 단계별로 설명해보세요. 그 과정을 종이에 그림이나 도형으로 그려보세요. (부록 2 참조)

2. 부정적인 갈등패턴을 변화시키기 위해 당신이 사용할 전략과 방법들을 상대방과 이야기한 후, 다음의 '갈등해소 계획안'에 적고 이를 실천해보세요. (부록 3 참조)

3. 지금까지 살아오면서 터득한 '화가 풀리는 방법'들 중 관계를 파괴하는 부정적인 방법이 아니라 건설적인 방법들을 아래에 적은 후 배우자나 가족과 함께 이야기하고 실천해보세요. (부록 4 참조)

부록 3. 갈등 해소 계획안

T. Time Out 타임아웃하기	
우리의 타임아웃 사인은?	
타임아웃 시간은 어느 정도로 할까?	
화를 진정하기 위해 내가 할 일	화를 진정하기 위해 그가 할 일
두 사람 중 한 사람이 감정이 치솟아 오르거나 신체적인 위험을 느낄 때 무엇을 할 수 있을까?	
R. Respect 화날 때도 존중하기 존중 전략들 (코칭 기술에서 생각해본 존중을 위해 할 일 적기)	
U. Understanding 이해하기 이해하기가 힘들 때는 어떻게 할까?	
S. Skills 기술 사용하기 갈등이 생길 때, 대화 기술 사용을 상기시켜주는 방법?	
T. Talk it together 함께 이야기하기	

마음을 움직이는 10가지 대화 기술

다음은 화난 감정을 가라앉히고 스트레스를 감소시키는 데 효과가 있는 방법들입니다. 자신이 좋아하는 방법을 찾아보세요. 그리고 이를 실천해보세요.

응급조치

복식 호흡하기
근육의 긴장과 이완하기
천천히 스트레칭하기
뭔가 재미있는 것 보기
평화로운 장소를 상상하기
당신의 팔과 다리가 부드럽고 따뜻하게 된다고 상상하기
오랫동안 뜨거운 목욕하기
샤워하기
따뜻한 수프(국) 먹기
허브차 마시기
뭔가 좋은 향 맡기
애완동물 쓰다듬기
다른 일에 집중하기

재미 있는 비디오 보기

아이들과 놀기
노래하기
악기 연주하기
책 읽기
영화 보기
춤추기
해야 할 일 하기

좋은 일 하기

그림 그리기
물감 칠하기
해결책을 구체화하기
식물 돌보기
요리하기
작업하기
스크랩북 작업하기
만들기
고치기

화 발산하기

친구와 대화하기
감정 발산하기
소리 지르기
글쓰기
생각 날려 보내기

운동

걷기
농구하기
나무 자르기
에어로빅하기
근력운동하기
청소하기
수영하기
활동적인 운동하기

보다 깊은 체험으로

결과에 대해 생각하기
해결책에 대해 생각하기
"내가 다르게 할 수 있는 일이 무엇인가?"라고 묻기
기도하기
명상하기
촛불 바라보기
하늘 바라보기
자신에게 이해심 보여주기

부록 5. 문제 해결 실습장(IDEAL Problem Solving Sheet)

1. 문제(Identify the Problem)

2. 문제가 되는 이유, 염려와 걱정(Define problem or core concerns)

자신의 주요 관심사나 염려	상대방의 주요 관심사나 염려

3. 문제 해결 전략(Examine options and solutions)

1) 일반적 합의 사항

2) 행동 세부 사항들

누가	무엇을	언제/ 어디서	어떻게

특별한 상황	평가 날짜

4. 결정사항 실천하기(Act on a plan)

5. 결과 평가하기(Look at the consequences)

마음을 움직이는 10가지 대화 기술